FISCHLAND, DARSS UND ZINGST

Landschafts- und Reiseführer für Wanderer, Wassersportler, Rad- und Autofahrer

Dritte, vollständig überarbeitete, aktualisierte und erweiterte Auflage

ROLAND BUCHWALD

Für Silvia

grünes herz

◀ *Traditionelles Zeesenboot auf dem Saaler Bodden*

Die Halbinselkette von Fischland, Darß und Zingst und die mit ihr verbundene Boddenlandschaft sind ein landschaftliches Kleinod und zählen mit über 120-jähriger Fremdenverkehrstradition zu den beliebtesten deutschen Erholungsgebieten. Wegen ihrer geologischen, botanischen und zoologischen Besonderheiten wurden große Teile des Gebietes zum Nationalpark Vorpommersche Boddenlandschaft erklärt. Weiße Strände, bizarre Windflüchter, dunkle Wälder, weite Wiesen, flirrende Heide und sanfte Endmoränen verleihen diesem Abschnitt der Ostseeküste ein unverwechselbares und zugleich sich stetig wandelndes Antlitz.

Der Mensch ergänzte den Landschaftsreiz mit Traditionsverbundenheit. Wie kaum anderswo blieb Althergebrachtes lebendig: Rohrgedeckte Häuser ducken sich zwischen Dünen, Zeesenboote gleiten behäbig über den Bodden, Kapitänshäuser werden liebevoll gepflegt; manche Tür ist ein Glanzstück bodenständiger Laienmalerei. Seeleute, Fischer, Bauern, Händler, Handwerker und Künstler fühlen sich verpflichtet, die Ursprünglichkeit zu erhalten. Denn diese Ursprünglichkeit ist es, die seit Generationen Gäste beeindruckt. Schiffer- und Fischerdörfer wandelten sich zu beliebten Badeorten und schöpferischen Refugien.

Landschaftliche Vielfalt, gesundes Reizklima, jod- und salzhaltige Luft laden zum Sonnen- oder Badeurlaub, zum Wandern, Rad fahren und dem Erlebnis der Natur ein. Natur- und Fotofreunde sind begeistert, Kraniche im Morgendunst, Rotwild an der Buchhorster Maase, den Sonnenuntergang vom Althäger Kliff beobachten oder herbstliche Laubfärbung im Altdarß, violette Heide oder bizarre Eisgebilde am winterlichen Strand entdecken zu können. An stürmischen Herbsttagen beeindruckt die Weite des Boddens mit den sich darüber türmenden Wolken. Jeder bildkünstlerisch Empfindende versteht die Begeisterung der vielen Künstler, die diese Landschaft in ihren Bann zog und die zur Entstehung des ausgeprägten Kunstlebens beitrug. Erleben Sie Natur und Landschaft; respektieren Sie die Gebote zu deren Schutz, damit noch Generationen diese Schönheit erleben können.

Mit Informationen zu Natur, Geschichte, Kultur und touristischem Angebot soll der kleine Reiseführer wie alle meine Publikationen ohne den Anspruch auf wissenschaftliche Tiefe breiten Leserkreisen ein möglichst umfassendes Bild der Halbinsel und der südlichen Boddenlandschaft vermitteln. Deshalb wurde auch das angrenzende Recknitztal wegen des erdgeschichtlichen Zusammenhangs und seiner naturkundlichen und historischen Bedeutung für die Region einbezogen. Erläuterungen, Routenempfehlungen, Fototipps und Informationen sind für Wanderer, Wassersportler, Rad- und Autofahrer zur individuellen Urlaubsgestaltung gedacht. Der Spezifik Rechnung tragend, sind Angaben zum Wassersport hervorgehoben. Zusätzlich zum Stichwortverzeichnis sind wichtige Punkte und Erläuterungen als Querverweis mit → markiert.

Für die Beliebtheit der Halbinselkette spricht der Verkauf der ersten beiden Auflagen dieses Reiseführers innerhalb weniger Jahre. Das erfreuliche Ergebnis und die vielen in der gleichen Zeit erreichten Erfolge beim Bemühen, einerseits das Naturkleinod zu wahren und zugleich für jeden Besucher erlebbar zu machen, andererseits die touristische Infrastruktur in angemessener Weise aufzuwerten, waren Anlass, die vorliegende Ausgabe vollständig zu überarbeiten und zu aktualisieren. Das Ergebnis ist dieses faktisch neue Buch. Es ist meiner Frau Silvia gewidmet. Trotz ihrer langjährigen Krankheit unterstützte sie mich wieder großzügig und ermöglichte dadurch die umfangreichen Recherchen sowie die umfassende Neubearbeitung des Textes.

Im Namen des Verlags und auch ganz persönlich danke ich Herrn Hans Götze, Bürgermeister von Ahrenshoop und Vorsitzender des Tourismusverbandes FISCHLAND · DARSS · ZINGST e. V., Herrn Andreas Nehring vom Nationalparkamt Vorpommersche Boddenlandschaft, Herrn Ulf Erichson, Direktor des Bernsteinmuseums Ribnitz-Damgarten, Herrn Ekkehard Rammin in Bodstedt und der Fahrradhandlung Neumann in Born sowie allen anderen Fremdenverkehrsträgern, Museumsleuten und den vielen befreundeten Inselbewohnern, die mich wieder mit viel Herz unterstützten. Sollten mir trotz gewissenhafter Arbeit Fehler unterlaufen und auch nicht alle Veränderungen erfasst worden sein, bitte ich wiederum um Korrektur- und Ergänzungshinweise.

Roland Buchwald
Berlin, Januar 2006

ZU NATUR UND LANDSCHAFT

Die einstigen Inseln Fischland, Darß und Zingst sind wie Hiddensee und Rügen oder die Hügel entlang der Bodden Eiszeitrelikte. Obwohl heute nur noch die Namen an ihre Inselselbständigkeit erinnern, bewahrten sie ihre eigenen Charaktere. Den Anschluss des Fischlands an das Festland und an den Darß vollzog die Hanse im 14. Jh., als sie Ribnitz mit dem Verschluss von → Permin und → Loop die Seezufahrt nahm. Die → Sturmfluten von 1872 und 1874 verschlossen den Darß und Zingst trennenden Prerowstrom. Dadurch erleben wir Fischland, Darß und Zingst heute als zusammenhängende hakenförmige schmale Halbinsel mit einer etwa 60 km langen Küste. Zu ihr zählen 200 km² Bodden, zwei Landschaftsschutzgebiete (LSG), acht Naturschutzgebiete (NSG), wovon große Teile zum → Nationalpark gehören. Wasser und Wind verändern ständig die Küstenlinie, indem sie am Weststrand Sand abtragen und im Osten im Strömungsschatten von Darßer Ort, Pramort und anderen Landspitzen wieder ablagern.

Die für die südliche Ostseeküste bis zur Kurischen Nehrung typische Erscheinung hat **erdgeschichtliche Voraussetzungen**: Die seit ca. 250 Millionen Jahren anhaltende Senkung der Pommerschen Platte und die letzte Eiszeit. Bis zu 1 000 m starke Eismassen schoben sich in Staffeln über das durch die Senkung entstandene norddeutsche Becken. Die Vereisungen begannen zum Ende der letzten, der Weichseleiszeit, vor rund 10 000 Jahren abzutauen. Zurück blieben glaziale Folgen mit Grund- und Endmoränen, Zungenbecken, Drumlins, Klarwasserseen, Sölle und Sandern. Gletscher lagerten Geröll und Findlinge ab und bildeten Abflussrinnen wie das Recknitztal. Vor 7 000 bis 5 000 Jahren füllte sich die nach den häufig gefundenen Fossilien der kleinen Schnecke Litorina litorea benannte Litorinasenke mit Wasser. Die Ostsee entstand und Moränen ragten als Inseln heraus: Bakelberg und Althäger Kliff bei Althagen, der Ahrenshooper Schifferberg und der Altdarß bilden die Inselkerne von Fischland und Darß. Ein dritter Inselkern dehnte sich als Lehmplatte von Pruchten zur Sundischen Wiese; daraus entwickelte sich der Zingst. Die Inselkerne wurden von der See mit Geröll und Sand umgeben, wogegen sich in der später den Bodden bildenden Niederung Torf und Schlick ablagerten.

Die geologischen Abläufe und die Verschmelzung der Inselkerne zeigen Mechanismus und Dyna-

Am Weststrand

mik einer Ausgleichsküste; Fachleute sprechen von „küstenmorphologischen Prozessen". Die See spülte die Küste ab und legte an anderer Stelle eine Düne vor die andere. Dabei verlandeten Buchten und Sandbänke oder versumpften später. Strömungs- und Wasserstandsänderungen in der südlichen Ostsee führten dazu, dass der von dem in gleicher Richtung wehende Wind unterstützte Prozess heute von West nach Ost abläuft und dabei z.B. von der Abbruchkante des Althäger Kliffs pro Jahr 60 cm abgetragen werden, während am Darßer Ort bis zu 10 m Sandbänke als Nehrungen und Haken neu entstehen. Bei Hiddensee wurden am Neuen Bessin sogar 35 m Landzuwachs im Jahr registriert. Ohne den Eingriff des Menschen wäre die Halbinsel sicher schon mit Hiddensee zusammengewachsen. Wechselseitiges Vergehen und Entstehen bedingen einen sich stetig verändernden Küstenverlauf und so ist auch das heutige Bild keinesfalls endgültig.
Eine regionale Besonderheit ist das Vorkommen von **Bernstein** am Nordstrand vom Darß und der deshalb so genannten Bernsteininsel. Das auch „Gold der Ostsee" genannte und seit Menschengedenken als Schmuck genutzte fossile Harz geht auf subtropische Wälder zurück, die vor 50 Millionen Jahren den heutigen Ostseeraum bedeckten und deren Nadelbäume ein dünnflüssiges und schnell erstarrendes Harz absonderten. Das leichte und gut zu verarbeitende honigfarbene Material kommt nur im sudöstlichen Ostseeraum in größeren Mengen vor. Mit der Hauptströmungsrichtung der Ostsee wird es dort im Strömungsschatten angespült; man spricht deshalb vom „Baltischen Bernstein". Bedeutendste Fundorte sind das Samland und die Kuhrische Nehrung.
Wasser und Wind prägten auch die **Vegetation**, wobei die Einzelgebiete unterschiedliche Charaktere haben. Auf Endmoränen wuchsen Wälder, auf Sandern Heide. Dank Wasserangebot, unterschiedlicher Böden, Geländeprofile und kleinklimatischer Gegebenheiten gedieh eine vielfältige Flora. Trotz ausgedehnter Äcker halten sich in Feuchtgebieten Rote-Liste-Arten. Raritäten wie Sonnentau, Wollgras, Moosbeere und Sumpf-Blutauge sind anzutreffen. Auf den Inselkernen findet man noch heute natürliche Laubwälder, während dazwischenliegende Flächen vom Menschen durch Waldmast und spätere intensive Nutzung stark verändert wurden. Auf Darß und Zingst entstanden auf früheren Heideflächen von der Kiefer domi-

Zeesenboote am Bodden

Zwischen Dünen und Wald

nierte Mischwälder. Sie sind mit Fichten, Lärchen, vor allem aber häufig mit Buchen durchsetzt und werden in sumpfigen Gebieten von Birken und Erlen ergänzt. Einzeln stehende Stieleichen sowie kräftiger Efeubewuchs an Erlen und Nadelbäumen vervollständigen das Bild. Charakteristisch sind „Windflüchter", vom Wind zerzauste und landeinwärts gewachsene Bäume, vornehmlich Kiefern oder Buchen, und „Windschur", dicht am Boden geduckte Sträucher und Büsche.
Mit dem Rückgang des Salzgehalts veränderte sich auf Anlandungsböden die Pflanzenwelt. In den Übergangszonen früherer Dünen zum Wald siedelten sich Heidekraut, Krähenbeere, Ruchgras, Drahtschmiele, Bergsandköpfchen, Habichtskraut und mitunter die geschützte Kriechweide als Waldpioniere an. Selten und ebenfalls geschützt sind Stranddistel, Meerkohl, Königsfarn, Stechginster, Bärlapp, Lungenenzian und Nordisches Moosglöckchen.
Die natürlichen und die vom Menschen verursachten Veränderungen verdrängten unter anderem ursprüngliche Heide, sie blieb nur auf flachen Sandflächen des Zingst zwischen den Dünen erhalten. Doch bei Esper und Darßer Ort entsteht sie mit der Anlandung neu. Vereinzelt treten dort Kiefer, Tanne, Eibe und Douglasie auf. Eine Besonderheit ist der an feuchteren Stellen vorkommende → Ilex.
Die Küstenvegetation stellt sich anders dar. Tang, Seegras, Muscheln und Treibholz ergeben die Lebensgrundlage für Meersenf, Salzkraut, Gänsefuß, Melde

und Salzmiere. Überstehen die salzliebenden Pionierpflanzen die Versandung, dann fördern sie die Bildung von Embryonaldünen. Zwischen überwehten Dünen sind Sandhafer, Sandtrockenrasen und Sanddorn anzutreffen. An den Abbrüchen der Steilufer wurden Pionierstauden und Sanddorn heimisch. In den Dünen siedeln sich Dünengräser an, oder sie werden in Rehmeln, Reihen, zur Bodenverfestigung als Schutz vor Verwehung angepflanzt. Auch Sanddorn wurde zur Kulturpflanze, nachdem man den hohen Vitamingehalt der Früchte erkannte. Sanddornsaft, -marmelade und -likör sind begehrte regionale Spezialitäten.

Mit abnehmendem Salz- und Kalkgehalt siedeln sich auf den Dünen humusbildende Flechten sowie Labkraut, Strandstrohblume, Strandstiefmütterchen, Bergsandköpfchen, Habichts- und Leinkraut, Rotschwengel oder Mauerpfeffer an. Am Nordstrand bildete sich zwischen alten Dünen mit Schilf, Binsen, Erlen, Birken und mitunter auch Weiden eine andere Vegetation heraus, weil die Mulden oft überschwemmt werden oder sich Grundwasser darin sammelt.

Vor den Dünen entstehen zwischen Sandbänken schmale Wasserarme, die weitere Anlandung später vom Meer trennt. In den Lagunen wachsen Laichkraut, Froschbiss, weiße See- und gelbe Teichrosen, die man hier wie im Spreewald „Mummeln" nennt. Die später von Erlen ergänzte Vegetation ist am Rundwanderweg vor Darßer Ort sichtbar.

Am Boddenufer dominieren Brackwasser- und torfbildende Landröhrichte. Letztere wurden seit altersher als Weiden genutzt, dadurch entstand das Boddensalzgrasland. Eindeichung und Melioration verwandelten das wichtige Biotop in jüngster Vergangenheit zu Wiesen. Nur auf neu angelandeten oder nicht eingedeichten und von Herbst- und Winterstürmen weiterhin überfluteten Flächen kann man noch Salzwiesen finden. Dort wachsen wie im Wattenmeer Queller und Salzastern. Seit der Wende regenerieren sich die nicht mehr intensiv genutzten Wiesen langsam und man kann jetzt wieder Salzschwaden, Salzbinsen oder Salzastern entdecken. Ihre Blüten ergeben mit Breitblättrigem Knabenkraut, einer einheimischen Orchideenart, Grasnelke, Beifuß, Wermut, Tausendgüldenkraut und Strandflieder ein zartes Farbspiel gesundender Natur.

Lachmöwe

Die **Tierwelt** zeichnet sich durch ähnlichen Artenreichtum aus. Rot-, Reh- und Schwarzwild sind sehr verbreitet. Ebenso Fuchs, Marder, Iltis und sogar Dachs sind in den Wäldern anzutreffen und seit einigen Jahren auch wieder Damwild.

Lurche und Kriechtiere kommen sehr zahlreich vor. Frösche, Kröten, Eidechsen, Kreuzottern, Blindschleichen und auch Ringelnattern gehören dazu. Seltener ist die Höllenotter, eine in Feuchtgebieten lebende Verwandte der Kreuzotter. Es erübrigt sich der Hinweis, dass die scheuen Tiere nützlich und streng geschützt sind, nur in größter Bedrängnis angreifen und deshalb nicht getötet werden dürfen.
Besonders groß ist die Vielfalt an Insekten, und sie nimmt dank der sich regenerierenden Wiesenflora sogar wieder zu. Ähnlich vielfältig ist die Vogelwelt, besonders am Bodden und im Recknitztal. Auf Darß und Zingst nistet der Seeadler und an entlegenen Mooren mitunter der scheue Schwarzstorch und der hier selten brütende Kranich. Zu ihnen gesellen sich ungewöhnlich viele Waldvögel, u.a. auch Seltenheiten wie Grüne Laubsänger und Zwergfliegenschnäpper. Kormorane und Schwäne beherrschen den Bodden. Ganzjährig trifft man den Höckerschwan an, beim Durchzug noch Zwerg- und Singschwan. Im Frühjahr beleben Kiebitze die Boddenwiesen. Viele Küstenvögel, wie Sturm- und Strandmöwe, aber auch Zwergseeschwalbe, Flussseeschwalbe, Reiher, Austernfischer, Regenpfeifer und Strandläufer leben an Ufern, Sandbänken und Wiesen. Die Wattflächen von Bock und Gellen sowie die Inseln Kirr, Oie und Bülten wurden deshalb ganz oder teilweise zu Vogelschutzgebieten erklärt. Dort rasten während des Vogelzugs Tausende Zugvögel, dann bevölkern zahlreiche Gänse-, Enten- und Watvogelarten die Anlandungsgebiete an der Ostspitze vom Zingst. Seltener sind Kampfläufer, Säbelschnäbler und Mittelsäger. Die große Besonderheit ist der Kranichschlafplatz auf der Sundischen Wiese und im Windwatt. Es ist beeindruckend, diese Vögel in der Balzzeit tanzen zu sehen und ihre Trompetenschreie zu hören. Für Mitteleuropa einmalig, halten sich dort jeweils im Herbst bis zu 40 000 Kraniche auf.
Sprichwörtlich ist der Fischreichtum, wie man nicht nur am Speisenangebot, sondern auch an alten Namen erkennen kann. Heute werden in der See Hering, Lachs, Hornhecht, Dorsch, Flunder und Scholle, mitunter auch Butt und Meerforelle gefangen. Der Bodden liefert Zander, Hecht, Aal, Plötze, Barsch und Blei. Insgesamt kommen ca. 50 Arten vor. Zu ihrem Schutz ist der Fang heute nur in festgelegten Zonen mit traditionellen Stellnetzen und Reusen gestattet. Der Fischreichtum ist auf das Brackwasser, dem Gemisch von Salz- und Süßwasser, zurückzuführen. In den Küsten- und Boddengewässern beträgt der Salzgehalt infolge der Süßwasserzufuhr durch Barthe und Recknitz nur 4 - 13 ‰ (Nordsee 35 ‰). Das hat eine spezifische Brackwasserflora und die wiederum zur Folge, dass Muscheln, Fische und andere Wassertiere hier nicht die Größe ihrer Artgenossen in der Nordsee erreichen, doch die wenigen Arten in großer Dichte auftreten.
Das **Klima** erlebte seit der Entstehung der Ostsee wahrscheinlich keinen grundlegenden Wandel mehr. Meer, Wind und die Filterwirkung der Wälder ergeben die jod- und salzhaltige Luft und damit jenes gesundheitsfördernde milde Reizklima mit ausgeglichenen Temperaturen und mäßigen Niederschlägen. Für Zingst werden beispielsweise 7,8° C bei einer Schwankungsamplitude von nur 17,3° C,

nur 11 Frosttage (geringster Wert an ostdeutscher Ostseeküste) und 600 mm Niederschläge als Jahresmittelwerte angegeben. Der Wind weht vorwiegend aus West bis West-Nord-West.
Zur Bewahrung des nicht nur ökologisch wichtigen Naturraumes, seiner Schönheiten und der Eigendynamik seiner fortwährenden Veränderung wurde er 1990 entsprechend der 1985 von der UNESCO festgelegten Kriterien unter besonderen Schutz gestellt.

NATIONALPARK VORPOMMERSCHE BODDENLANDSCHAFT

Am 12. September 1990 erklärte die letzte DDR-Regierung ausgedehnte Flachwasser- und Küstenbereiche von Darß, Zingst, Hiddensee und Westrügen, nahezu die gesamte Uferzone der vorpommerschen Boddenlandschaft und den überwiegenden Teil der Boddengewässer zum Nationalpark. Er umfasst 805 km² (673 km² Wasser- und 132 km² Landfläche) und ist der größte in den neuen Bundesländern. Er ist Ergebnis langjähriger Bemühungen, nachdem es schon in den 30er-Jahren ähnliche Bestrebungen gab und in den 50er-Jahren die Westküste des Darßes, die Bernsteininsel, die Hohe Düne bei Pramort, das Ahrenshooper Holz, der Bock mit Großem und Kleinen Werder sowie die Inseln Kirr und Oie zu einzelnen NSG und 1960 schließlich die gesamte Halbinselkette zum LSG erklärt worden waren. Die frühe Unterschutzstellung und der Umstand, dass Darßer Ort und Sundische Wiese wegen ihrer militärischen Nutzung unzugänglich waren, förderten einerseits natürliche Entwicklung und Regenerierung. Andererseits wirkten Jagdprivilegien, intensive Land- und Forstwirtschaft, Bodenkontaminierung und andere Einflüsse dem Naturschutz massiv entgegen, so dass erst nach 1990 Schutzmaßnahmen greifen konnten. Deshalb wurde die Unterschutzstellung auch durch den Einigungsvertrag und durch Landesrecht gesichert.

Anliegen ist es, der Natur möglichst weitgehend ihre ursprüngliche Gestalt, ihren eigenen Entwicklungsrahmen und damit ihre ökologische Unversehrtheit zurückzugeben und sie dem Menschen erlebbar zu machen. Dazu wurde der Nationalpark in zwei Klassen von Schutzzonen untergliedert:

Abendstimmung am Hohen Ufer von Ahrenshoop

Altes Meeresufer

Schutzzone 1 *erfasst so genannte Kerngebiete, die man sich völlig überlässt und die frei von jeglicher Nutzung sind. Dazu gehören Weststrand, Altdarß, Neudarß, Darßer Ort, die gesamte Ostspitze von Zingst mit Hoher Düne, Sundische Wiese und Pramort, der Gellen sowie Alter und Neuer Bessin von Hiddensee, die Inseln Werder und Bock mit den dazwischenliegenden Sandbänken und schließlich Abschnitte von Bug und Hiddensee.*

Schutzzone 2 *umfasst alle übrigen Gebiete; die durch „naturverträgliche Wirtschaftsweise langfristig zu naturnahen Landschaften entwickelt oder durch besondere Pflege- und Nutzungsformen in ihrem... Zustand erhalten" werden sollen. Damit sollen u.a. „... die durch menschliche Eingriffe veränderten Salzgrasland- und Moorflächen wieder hergestellt sowie die Vielfalt der Pflanzen und Tiere gesichert werden...". Ortslagen gehören nicht zum Nationalpark. Einteilung und differenzierte Schutzziele entsprechen unterschiedlichen Gegebenheiten. Wie wichtig die Schutzmaßnahmen sind, verdeutlicht der Umstand, dass die Boddeninseln Großer Kirr und Barther Oie die artenreichsten Vogelschutzgebiete an der deutschen Ostseeküste sind. Der ständige Veränderungsprozess von Landabtrag und -neubildung soll ungestört ablaufen können, um Fauna und Flora in ihrem ursprünglichen Artenreichtum zu erhalten.*

Die Nationalparkverwaltung befindet sich bei Born. Informationszentren in Born und in der Sundischen Wiese sowie das Natureum am Leuchtturm Darßer Ort veranschaulichen die naturkundlichen Besonderheiten und bieten Naturliebhabern, Schulklassen und interessierten Urlaubern Vorträge, Ausstellungen und Führungen an.

ACHTUNG!

- In der Schutzzone I sind Wandern, Rad fahren und Reiten nur auf dafür markierten Wegen gestattet.
- Hunde sind zum Schutz von Vogelbrut und Niederwild an der Leine zu führen.
- Auch außerhalb des Nationalparks sind das Betreten der Dünen und das Herumklettern am Steilufer verboten.
- Segeln ist nach der Befahrensordnung nur außerhalb der Flachwasserbereiche und Röhrichte in den ausgetonnten Revieren und Fahrrinnen gestattet.
- Surfen ist zum Schutz der Brut nur in den dafür ausgewiesenen Revieren erlaubt.

DAS FISCHLAND

Als Fischland wird der schmale und nur wenige Kilometer lange Landstreifen zwischen Dierhagen und Ahrenshoop bezeichnet. Er ist Ergebnis ständigen Wirkens von Wasser, Wind und Mensch. Die frühere Insel wurde im Süden durch den Permin vom Festland und im Norden durch den Loop vom Darß getrennt. Der Permin war die südliche Mündung der Recknitz in die Ostsee; ein Rest blieb als Boddenbucht vor Wustrow erhalten. Der → Loop war der nördliche Mündungsarm, von ihm ist kaum noch etwas zu sehen. Beide Wasserverbindungen ließ die Hanse verschließen.
Kern des Fischlandes ist die ehemalige Insel Wustrow, Rest einer Endmoräne aus Mergelgeschiebe. Von dem Kern ließ die Brandung ein Drittel übrig. Im sumpfigen Boddenland überwiegt die sich unterdessen von intensiver Nutzung erholte Salzwiesenflora, während die Seeseite von Dünen- und Heidevegetation bewachsen ist. Höchste Erhebung des Fischlandes ist mit 18 m der → Bakelberg. Die Niederung zwischen Dierhagen und Perminbucht ist eigentlich kein Bestandteil des Fischlandes, das sollte man aber nicht eng sehen. Das Vorland um Dierhagen bietet abwechslungsreiche Heide mit Wald-, Moor- und Dünenflora. Unter anderem trifft man hier auf Torfmoos, worauf Moosbeere, Glockenheide und sogar Sonnentau wachsen. Ebenso kommen Seggen, Gräser und Farne vor. Nicht selten sind Kraniche zu beobachten.

DER DARSS

Der Darß ist das Herzstück der Halbinselkette. Er erstreckt sich von Ahrenshoop bis Prerow, als Insel wurde er vom Loop und dem Prerowstrom begrenzt. Der Loop zog sich in Ahrenshoop unterhalb der als Vordarß bezeichneten Endmoräne, dem Schifferberg, entlang. Um den Inselkern baute die Natur allmählich die heutige Landmasse auf.
Wegen seiner Ursprünglichkeit wurde in der Vergangenheit bereits mehrfach überlegt, den Darß unter Naturschutz zu stellen. Nach vergeblichen Bemühungen in den 30er-Jahren zur Schaffung eines → „Reichsnaturschutzgebietes" und erster

Buchen im Altdarß

Unterschutzstellung von 1957 brachte erst die Erklärung zum Nationalpark den erforderlichen und angemessenen Rahmen.

Der Darß entstand in mehreren Phasen und wird in Vordarß, Altdarß, Neudarß und die jüngeren Anlandungsgebiete Darßer Ort und Nordstrand untergliedert.

Der **Vordarß** ist dem Altdarß südlich vorgelagert und erdgeschichtlich jünger. Er entstand durch Anlandung und Geröllablagerung um den Schifferberg und zieht sich entlang der Küste bis zu den Rehbergen hin. An den Schifferberg schließen sich das → Ahrenshooper Holz und eine moorige Senke an. Die fächerförmigen, durch ständigen Landabtrag immer weiter dezimierten → Rehberge sind mindestens 3 500 Jahre alt. Zum Schutz vor weiterem Landabtrag wurde 1956-58 zwischen Schifferberg und Rehbergen an der Seeseite der Deich gebaut, nachdem am 4.1.1954 eine Sturmflut bei Drei Eichen die Dünen zerstörte und die Niederung bis zum Bodden überflutete. Am Saaler Bodden wurden 1971-72 die Buchten Werre und Hundsbeck zur Gewinnung von Weidefläche trocken gelegt. Wo sich heute an der Betonstraße bei Wedden Ort die Windrotoren drehen, verlief früher das Ufer.

Der **Altdarß** ist der erdgeschichtlich älteste Rest des Inselkerns, eine von Geröllmassen abgeflachte Endmoräne, die nach Entstehung der Ostsee aus dem Wasser ragte und noch am → Alten Meeresufer erkennbar ist. Der Waldsaum am Parkplatz Drei Eichen ist die natürliche Südspitze vom Altdarß, wogegen das Alte Meeresufer früher die Nordwestecke bildete, somit markiert es den Übergang vom Alt- zum Neudarß. Nach Norden nehmen Kiefern zu, auch Rotbuchen sind in dem früher fast ausschließlich mit Eichen bestandenen Wald nicht selten.

Den etwas tieferliegenden **Neudarß** betritt man am Alten Meeresufer wie von einer Schwelle. Der Leuchtturmweg markiert sein Ende, dahinter liegt das jüngere Anlandungsgebiet des Nordstrandes. Der Neudarß entstand durch Anlandung. Sie begann vor etwa 3 000 Jahren und vollzog sich in Intervallen. Deshalb liegt der Neudarß tiefer als der Altdarß, und seine Oberfläche ist durch sich von West nach Ost ziehende ehemalige Dünen gewellt. Mit abnehmenden Salzgehalt des Bodens veränderte sich die Pflanzenwelt. In Übergangszonen zum Wald verdrängten Heidekraut, Krähenbeere, Ruchgras, Drahtschmiele, Bergsandköpfchen, Habichtskraut und mitunter auch geschützte Kriechweide als Waldpioniere frühere Strandvegetation.

Man trifft auch seltene und geschützte Pflanzen wie Stranddistel, Meerkohl, Sonnentau, Königsfarn, Stechginster, Bärlapp, Lungenenzian und Nordisches Moosglöckchen an. Heide findet man kaum noch. In den meist feuchten Gräben zwischen den Dünenzügen bietet sich ein anderes Bild, dort wachsen Primelgewächse, z.B. Wasserfeder und Wasserprimel. Auf dem Neudarß sind Eschen, Erlen, Haselsträucher und Schneeball zahlreich vertreten; daneben gedeihen Waldgeißblatt, Buschwindröschen, Weißdorn, Maiglöckchen, Veilchen, Teufelskralle, Pfaffenhütchen, Nelken- und Weißwurz.

Der **Weststrand** flankiert Neu- und Altdarß bis Darßer Ort. Er entstand mit der Anlandung, dadurch war → Esper Ort über 2 000 Jahre die Nordwestspitze des Darßes. Durch ändernde Strömungsverhältnisse wurde das Anlandungs- zum Abtragungsgebiet und seitdem drängt die See ostwärts. Seit 1696, also in rund 300 Jahren, trug sie 300 m Land ab.

Leuchtturm Darßer Ort

Der Weststrand zeigt an Spülsaum, Dünen und Waldrand typische Pflanzengruppen. An die Dünenvegetation schließt sich überwiegend Buchen-, zum Neudarß hin auch vermehrt Kiefernwald an. Das wellige Auf und Ab der Uferkante ist der Anschnitt alter Dünenzüge.

Nördlich von Esper Ort tritt vor Darßer Ort das Hochufer zurück und das Anlandungsgebiet beginnt. Seichte Seen liegen zwischen Strand, Dünen und Wald. Der → Teerbrennersee ist der größte.

Der → **Darßer Ort** ist heute die Nordspitze des Darsses, zugleich versteht man darunter das gesamte Terrain nördlich des Leuchtturms. Es ist das jüngste Gebiet der gesamten Halbinsel, zweifellos das reizvollste und eine Kernzone des Nationalparks. In dem Anlandungsgebiet entstehen vor Darßer Ort und der angewachsenen Bernsteininsel ständig neue Sandbänke. Dazwischen zurückbleibende Buchten werden bald verschlossen und sich zu Seen entwickeln oder verlanden. Während die seichten Seen und Moorflächen Schilf und Riedgräser bzw. Salzwiesen vorweisen, entwickelt sich auf Sandbänken und Dünen andere Vegetation: den Pionierpflanzen folgen typischer Dünenbewuchs oder Heide. Das erst in den zurückliegenden 400 Jahren angelandete und ca. 1 130 ha große Gebiet wurde 1957 als „NSG Westdarß und Darßer Ort mit Bernsteininsel" erstmals unter Schutz gestellt. Dem zum Trotz wurde es zu Beginn der 60er-Jahre militärisches Sperrgebiet und dazu im → Ottosee der → Nothafen angelegt und ein Zufahrtskanal ausgebaggert. Am → Leuchtturm entstanden eine elektronische Beobachtungsanlage und Mannschaftsgebäude. Bis 1989 diente Darßer Ort militärischem Zweck, nicht wenige Fluchtversuche endeten tragisch vor der Landspitze. Die Unzugänglichkeit brachte ihr uneingeschränkte Entfaltung der Natur ein, doch dem standen rigorose Eingriffe zum Bau militärischer Anlagen entgegen.

Altarm des Prerowstroms

Am 2.10.1990, dem letzten Tag der Existenz der DDR, wurde Darßer Ort als Kernzone des Nationalparks unter besonders strengen Naturschutz gestellt. Dadurch wurde das Naturkleinod nach jahrelanger Abgeschiedenheit als Grenz- und Militärgebiet wieder zugänglich. Um es der Öffentlichkeit zu erschließen, wurde mit dem Rückbau der Militäranlagen der → Rundwanderweg angelegt. Mit → Leuchtturm und → Natureum ist er heute ein besonders lohnendes Ziel.

Als **Prerowbucht** bezeichnet man das Flachwassergebiet im Strömungsschatten zwischen Darßer Ort und Prerow. Darin leben wegen des hohen Sauerstoffgehalts besonders viele Wassertiere, u.a. „Querläufer" genannte Taschenkrebse oder Herz-, Klaff- und Miesmuscheln, die wiederum Futtergrundlage für Lach- und Sturmmöwen sind.

Der **Nordstrand** bildet als jüngeres Anlandungsgebiet das Hinterland der Bucht. An den ungewöhnlich weißen, feinkörnigen und 100 m breiten Strand schließt sich ein von alten Dünen durchzogener Kiefernwald an. Er bildete sich durch Anflug. Mit kräftigem Flechtenbewuchs erweckt er am Leuchtturmweg mitunter einen etwas wilden Eindruck.

Der → **Prerowstrom** war die natürliche Grenze zwischen den Inseln Darß und Zingst. Seine westlich Prerows gelegenen Altarme sind heute stille Waldseen.

DER ZINGST

Der Zingst war bis zur Sturmflut von 1872 eine Insel. Die heutige Nehrung erstreckt sich vom Prerowstrom bis Pramort. Die Inseln → Werder und → Bock sind im Osten, → Großer Kirr und → Barther Oie südlich vorgelagert. Sie verkörpern besonders sensible Natur.

Der Zingst ist das östlichste und mit einem ungefähren Alter von 4 000 Jahren jüngste Glied der Halbinselkette. Es baute sich um die sich ursprünglich von Pruchten zur Sundischen Wiese dehnende Lehmplatte auf. Während Wasser und Wind im Norden und Osten neue Sandflächen anlandeten, verschwand der Südrand des Inselkerns. Von der See und den Bodden anrollende Fluten teilten und zerstörten ihn vielfach, so dass die permanente Wechselwirkung von Landabtrag und -gewinn allmählich die schmale Insel schuf, zugleich aber Fluten mehrmals ihre Form änderten. Die Hohen Dünen bei Prerow und Pramort sind Ergebnisse der Entwicklung. Zingst verlor mehrmals durch Fluten Land; 1872 und 1874 waren die Schäden besonders groß. Nach den Katastrophen wurde der später noch mehrfach verstärkte Deich entlang der gesamten Küste angelegt.

Die heutige Nehrung ist von Wiesen und Wäldern bedeckt. Die feuchten Wiesen waren meistens Buchten oder offene Seeverbindungen, während die Wälder auf angelandeten Sandflächen entstanden. Die natürlichen Veränderungen und der Mensch verdrängten ursprüngliche Heide; sie blieb nur auf Sandflächen zwischen den → Dünen und bei → Hertesburg erhalten. Waldgebiete sind der moorige → **Freesenbruch** westlich des Ortes Zingst, östlich die kleine → **Zingster Heide** und der → **Osterwald**. Im Osterwald gibt es wie auf dem Darß ehemalige Dünen, die Reffe, und dazwischen sumpfige Riegen. Insgesamt ähnelt die Vegetation der des Darßes, besitzt hier jedoch nicht deren Vielfalt. Besonderheit sind aber die → Torfmoore.

Die → **Sundische Wiese** ist ein weitläufiges, ca. 10 km langes Grasland und nimmt nahezu die gesamte Ostshälfte der Nehrung ein. Das frühere Salzwiesenland ist durch seine Vegetation und als bekanntes Vogelschutzgebiet naturkundlich bedeutsam. Große Teile gehören zur Kernzone des Nationalparks, vor allem das Boddenufer, denn es ist der größte → Kranichschlafplatz.

Pramort ist der östlichste Punkt von Zingst innerhalb der Kernzone. Die vorgelagerten Wiesen, Lagunen und Sandbänke sind sehr junge Anlandungsgebiete und bevorzugte Nist- und Rastplätze. Im Interesse des Naturschutzes werden sie beweidet.

Der Spitze sind östlich noch die Inseln **Werder** und → **Bock** vorgelagert. Die permanente Sandablagerung baut nordöstlich davor das **Windwatt** auf, so dass das Zusammenwachsen mit Hiddensee nur noch als eine Zeitfrage erscheint. Der → Gellenstrom trennt sie noch vom Gellen, der Südspitze Hiddensees. Bei einer Schiffsfahrt von Zingst nach Hiddensee sieht man den Zusammenhang der In-

selgruppen. Das gesamte Gebiet ist Vogelschutzgebiet der Kernzone.
Nordwestlich vom Aussichtspunkt Pramort befindet sich die → **Hohe Düne**. Sie bildete bis vor ca. 1 000 Jahren die Ostspitze des Zingst, nachdem sie etwa vor 3 000 Jahren allmählich am Ende einer Landzunge durch Anlandung entstanden war. Entlang der Düne entsteht in Folge des Anlandungsprozesses wie bei Darßer Ort junge Heide als spezifische Vegetation. Düne und Heide gehören zur Kernzone.

Beobachtungswarte Pramort

DIE SÜDLICHE BODDENLANDSCHAFT

Die Bodden und deren südliche Uferlandlandschaft entstanden als Ergebnisse der Senkung der Pommerschen Platte und der Eiszeit, nachdem sich die → Litorinasenke mit Wasser füllte und die Inselkerne sie räumlich von der Ostsee trennten. In der Niederung lagerten sich Torf und Schlick ab. So ist auch der Name Bodden verständlich; er kommt vom althochdeutschen „bodan" (Niederung oder Vertiefung). Durch den Zusammenschluss der Inseln haben die Bodden nur im Osten noch Seeverbindung und wurden zu Binnengewässern eigenen Charakters. Bei einer Wasserfläche von ca. 200 km^2 sind sie ideal für Segler und Surfer.
Die südliche Boddenlandschaft umfasst im Westen den Saaler und den Bodstedter Bodden mit dem Koppelstrom, die angrenzende Pütnitzer und Neuendorfer Heide sowie das Barther Stadtholz. Am südöstlichen Ufer vom → **Saaler Bodden**, dem größten und fischreichsten Boddengewässer, lösen Wiesen, Moore, Mischwald und heideähnlicher Kiefernbestand einander ab.
Im Osten zählen der **Barther Bodden** und der **Grabow** mit den sich vom Sundischen Berg bis zu Großem Holz, Gehäge und → **Barhöfter Kliff** erstreckenden Endmoränenzügen dazu. Ruhige Orte mit interessanten Kirchen, große Wasserflächen, schilfbestandene Ufer, weite Wiesen, wellige Hügelketten und ausgedehnte Wälder zeichnen ein harmonisches Bild. Die Boddengewässer und ihre Uferzonen gehören überwiegend zum Nationalpark, die Flachwasser- und Vogelschutzgebiete zu dessen Kernzone. In den Uferwiesen und Weiden verursachten intensive Tierhaltung bzw. Überdüngung ökologische Schäden, deren Renaturierung noch einige Zeit in Anspruch nehmen wird.

DAS RECKNITZTAL

Das aus einer eiszeitlichen Abflussrinne entstandene Urstromtal ist als natürlicher Hauptzufluss der Boddenkette erdgeschichtlich mit ihr verwandt. Es wird als eine der schönsten Flussniederungen in Norddeutschland und mitunter als „Klein Thüringen" bezeichnet. Die flache, hydro- wie geologisch mit den Trebel- und Peeneniederungen verbundene Talmulde ist ein ergiebiges, aber sensibles Trinkwassereinzugsgebiet. Sein Oberlauf zieht sich von Güstrow nach → Bad Sülze. Dort weitet es sich an der Einmündung der Trebel zur flachen Mulde.
Der Unterlauf von Bad Sülze bis Ribnitz-Damgarten ist wegen seiner geologischen und botanischen Besonderheiten als LSG geschützt, denn neben einer artenreichen Flora sind hier u.a. Fischotter, Schreiadler und Biber heimisch. Unter den Wiesen an dem teilweise noch unbegradigten und in Mäandern dahinfließenden Flüsschen verbirgt sich eine 6 - 8 m mächtige Torfschicht. In der Vergangenheit wurde der fossile Rohstoff verheizt. Heute wird Torf wegen seiner Heilwirkung in begrenztem Umfang abgebaut. Naturkundlich wertvoll sind das NSG Grenztalmoor bei Bad Sülze, das NSG Recknitztal bei Marlow und das NSG Carlewitzer Torfstiche bei Carlewitz, nahe von Ribnitz-Damgarten.

Salzmuseum in Bad Sülze

ZU GESCHICHTE, KULTUR UND WIRTSCHAFT

Die landschaftlichen Veränderungen bedingten die Anpassung des Menschen. Obwohl man von frühgeschichtlicher Besiedlung ausgehen kann, konnten wegen der Abtragungsprozesse auf der Halbinselkette nur an wenigen Stellen Funde geborgen werden. Spuren erster Niederlassungen fand man am südlichen Boddenufer und entlang des Recknitztals. Die erste Besiedlungsphase muss bereits nach dem Abschmelzen der Eiszeitgletscher vor rund 10 000 Jahren begonnen haben. Auf Fischland und Darß fand man Werkzeuge aus der Jungsteinzeit. Wahrscheinlich setzte dort die erste Besiedlung nach Entstehung der Ostseeküste ein. Danach lebten in der Jungsteinzeit, vor ca. 5 000 Jahren, nomadisierende Sammler, Jäger und Fischer in der Region. Gleichzeitig wanderten vom Süden slawische Stämme ein, wurden sesshaft und begannen mit Ackerbau und Viehzucht. Allein zehn Großsteingräber, so genannte „Dolmen" oder volkstümlich „Hünengräber", gibt es in dem Gebiet. Selten sind bronzezeitliche Funde, weil die sich von der Küste ausdehnenden Wälder Besiedlung und Landwirtschaft entgegenstanden.

Erst kurz vor Beginn unserer Zeitrechnung wurde die Küste zwischen Rügen und Warnowmündung von germanischen Stämmen besiedelt, die sie jedoch mit der Völkerwanderung wieder verließen. Die wenigen hinterlassenen Zeugnisse lassen auf Landwirtschaft und handwerkliches Können schließen. Mit der zweiten Völkerwanderung ließen sich etwa im 6. Jh. wieder slawische Ackerbauern in der verödeten Landschaft nieder, vor allem im Recknitztal und auf dem Fischland. Wahrscheinlich ging vom Recknitztal die ständige Besiedlung von Fischland, Darß und Zingst aus.

Auf Grund seines Vorkommens ist Bernstein bereits in frühgeschichtlichen Funden als Schmuck nachweisbar. Slawen verwendeten ihn auch in Kultgegenständen, weil sie ihm besondere Bedeutung und Kräfte zumaßen.

Die Slawen bauten Roggen an, nutzten die Wälder zur Viehhaltung, schmolzen und verarbeiteten Raseneisenerze und bauten beständige Siedlungsstrukturen auf. Die Aktivität zog wesentliche Veränderungen der Landschaft nach sich und leitete die Entstehung ihres heutigen Erscheinungsbildes ein. Das ist auch der Grund

Modern gestalteter Schifferbaum in Althagen

für noch heute anzutreffende slawische Namen von Orten, Fluren, Flüssen, Gegenständen und Eigenschaften. Typisch sind die Endungen -ow, -itz und -in. Beispiele sind die Familiennamen Permin, Dillwitz oder Zeplin und die Ortsnamen Kuschenort (kusch - Schachtelhalm), Kemnitz (kamen - Stein), Kirr (kirz - Gehölz, Busch) oder Straminke (Struminik - Bächlein). Auch der Name Darß ist slawischen Ursprungs.
Die slawischen Stämme der Liutizen und Wilzen errichteten Ortschaften und Burgen. Z.B. gehen Wustrow, die Hertesburg und Befestigungen im Recknitztal auf Ringwälle solcher Anlagen zurück. Um die Jahrtausendwende herrschten hier die Obotriten, gegen sie richtete sich die deutsche Ostexpansion. Nachdem Heinrich der Löwe im 12. Jh. mit der Unterwerfung der Obotritenfürsten das heutige Mecklenburg eroberte, begannen deutsche Besiedlung und Christianisierung. Für Rügen und Umgebung leitete Waldemar von Dänemark 1168 die Entwicklung mit einem Kompromiss ein. Er besiegte den slawischen Stammesfürsten und zerstörte seine Tempelburg bei Arkona. Um die trotzdem noch mächtigen Slawen zu befrieden, ließ er sich von ihrem Fürst huldigen, um ihm nach dem Akt der Unterwerfung unter seiner Oberhoheit die Herrschaft über Darß, Zingst und das Land Barth zu überlassen. Nicht überliefert ist, ob die Inseln auch Ort von Kriegshandlungen waren. Nach dem Machtwechsel wurden deutsche Siedlungen neben bestehenden slawischen Orten oder auf deren zerstörten Resten gebaut. 1230-60 entstanden Barth, Damgarten, Marlow, Ribnitz und Sülze als größere Burgsiedlungen mit Marktflecken. Ihre großen und trutzigen Kirchen blieben als Ausdruck neuer Macht und neuen Glaubens jener Epoche erhalten.
Mönche unterstützten die Besiedlung. Dabei spielten die Zisterzienser wegen ihrer Ordensregeln und Erfahrungen bei der Urbarmachung eine maßgebliche Rolle. Die mecklenburgischen und pommerschen Fürsten stifteten Klöster und Kirchen und übertrugen ihnen Land und Privilegien. So vermachte Wizlaw II. von Rügen dem südlich Stralsunds gelegenen Zisterzienserkloster Neuenkamp 1296 die Insel Hiddensee zur Errichtung einer Abtei. Zu deren Versorgung kaufte der Abt dem Fürsten noch die Insel Zingst ab. Die Mönche errichteten das Hiddenseer Kloster, begannen mit weiteren Bauten und mit der Urbarmachung ihrer Domäne. Noch im ausgehenden 13. Jh. rodeten und entwässerten sie den Zingst und errichteten darauf Vorwerke. Die Erschließung zog Siedler nach, deshalb bauten die Mönche bei Prerow die erste Kirche. 1441 verkauften sie die Insel an Pommernherzog Barnimir VIII. Auf dem Fischland errichtete der Orden der Clarissinnen ein Gotteshaus, nachdem ihm → Heinrich der Löwe 1323 aus seinem Ribnitzer Besitz Ländereien und Fürstenhof zum Bau des → Klosters St. Claren überlassen musste.
Als Pommernfürst Wizlaw II. 1325 in Barth starb, gingen die Ländereien von Barth, Darß und Zingst zunächst an den Wolgaster Pommernherzog. Dessen Erbstreitigkeiten mit dem mecklenburgischen Fürstenhaus führten zu den Rügenschen Erbfolgekriegen und dabei erzwangen die Mecklenburger mit dem Überfall auf den Darß und die Hertesburg einen Erbvertrag, durch den beide Inseln an sie fielen. Wie aus

◀ *Skulpturenpark Wustrow*

In alter handwerklicher Tradition entsteht ein Schilfdach

dem Hebungsregister von 1532 hervorgeht, konnten dadurch die Bauern seitdem über ihren Besitz verfügen und den Boden vererben.
Ab 14. Jh. bestimmten Handel, Seefahrt und Piraterie die Entwicklung. Aus politischem Kalkül und zur Konkurrenz gegenüber den starken Hansestädten setzte das mecklenburgische Herzoghaus 1389 bei den Stadträten von Rostock und Wismar trotz ihrer Hansezugehörigkeit durch, dass sie Kaperbriefe auf skandinavische Schiffe erließen. Damit wurde Piraterie legalisiert und mancher Adlige witterte in gewinnbringender Jagd nach Hanseschiffen seine Chance. Die Bodden hatten damals noch Seeverbindung und eigneten sich dadurch als Unterschlupf. Seeräuber nutzten Ribnitz zum Verkauf des Raubguts und zur Proviantversorgung. Die Hanse ließ sich die Dreistigkeit nicht lange bieten; 1391 schlug eine Stralsunder Flotte in der Ribnitzer See die adligen Piraten und richtete sie mit ihren Mannschaften hin. Die Stadt erhielt eine bis heute spürbare Strafe, denn die Hanse nahm ihr die Seezufahrt, indem sie 1394 den → Permin und 1395 den zum Darßer Kanal ausgebauten → Loop zuschütten ließ.
Tiefe Religiosität bestimmte das Spätmittelalter. In → Kenz wurde die → Maria Pomerana und in → Bodstedt der → Heilige Ewald verehrt. Die Dörfer waren deshalb vielbesuchte Wallfahrtsorte. Die Reformation vollzog sich örtlich sehr unterschiedlich. Während die Städte rasch zum evangelischen Glauben übertraten oder die zuvor zur Hiddenseer Domäne zählenden Kirchen und Liegenschaften auf dem Zingst schon 1534 säkularisiert wurden und danach überwiegend in herzoglichen Besitz übergingen, behauptete sich das Ribnitzer → Kloster St. Claren bis 1599 und die Reformation des Fischlandes begann erst danach.
Im Dreißigjährigen Krieg wurden Dörfer und Städte verwüstet, als es 1628 und 1630 an der Küste zu verlustreichen Schlachten zwischen schwedischen und kaiserlichen Heeren kam. In Barth sollen nur noch 86 Gebäude gestanden, in Damgarten nur noch 5 Familien gewohnt haben und die Dörfer auf dem Fischland verwüstet gewesen sein. Mord und Plünderei waren an der Tagesordnung. Das Land verödete, weil z.B. das kaiserliche Heer im Krieg den Wald auf Hiddensee abbrannte, um den Schweden kein Baumaterial für Schiffe und Befestigungen zu hin-

terlassen. Viele Jahre lagen die Felder brach, das Volk verarmte und verelendete. Wichtig für die spätere Entwicklung war, dass 1637 das pommersche Herzoghaus ausstarb und dadurch alle Machtbefugnisse in den Kriegswirren an Schweden fielen, wie es auch 1648 im Westfälischen Frieden festgeschrieben wurde. Barth, Darß und Zingst waren unter anderen davon betroffen und nicht selten stößt man noch heute auf die volkstümliche Bezeichnung „Südschweden". Die eher scherzhaft gemeinte Bezeichnung geht auf die damalige offizielle Gebietsbezeichnung „Schwedisch-Vorpommern" zurück. Daraus erklären sich auch die für Deutschland einmaligen Matrikelkarten.

MATRIKELKARTEN VON VORPOMMERN

Schwedisches Kartenwerk von 900 Blättern und 40 Bänden historischer, wirtschaftlicher und sozialer Erläuterungen, 1692-98 angefertigt von acht Studenten der Universität von Uppsala unter Leitung des Geometers Gunna Eurelius von Dahlstierna. Sie führten eine neuartige Landvermessung durch, zogen dazu vier Jahre von Hof zu Hof, um anschließend in zwei Jahren ihre Notizen zu kartografieren und aufzuschreiben. Das Ziel der später als wissenschaftliche Großtat bewerteten Arbeit bestand in der Wiederbelebung von Landwirtschaft und Gewerbe sowie in der Einführung gerechter Steuern.

Die schwedische Verwaltung konnte sich aber nicht gegen die Stände durchsetzen. Dadurch verloren Bauern wieder das Erbrecht, wurden als Pächter wie ihr Vieh registriert und praktisch wieder leibeigen. Die ertragsarmen Böden zwangen zum Nebenerwerb. Außer Fischerei und Torfstechen war illegaler Holzeinschlag üblich, wodurch der durch unkontrollierte → Waldmast ohnehin geschädigte Wald in Mitleidenschaft gezogen wurde. Aus sozialer Not entwickelte sich mit dem Handel und Verkauf landwirtschaftlicher Produkte die Schifffahrt zum Haupterwerb der Bewohner. Mit ihren kleinen Schuten fuhren sie nach Barth, Stralsund und sogar bis Wismar. Aus anfänglich bescheidener Küsten- und Boddenschifffahrt entwickelte sich eine Flotte, die 1735 mit 95 und 1783 mit 134 Schiffen registriert war. 1797 zählte man allein 57 große seetüchtige Segler. Mit dem Handel entwickelten sich Werften. Dadurch fand die bis dahin ärmlich lebende Bevölkerung besseres Einkommen und mancher Leibeigene konnte sich freikaufen. Für einen Mann musste man 50 und für eine Frau 25 Reichstaler bezahlen. Das war sehr viel Geld, dennoch wurden beispielsweise in Prerow 1783 neben 2 027 Leibeigenen 836 Freie gezählt. Diese Zahl war ungewöhnlich hoch und brachte relativen Wohlstand zum Ausdruck. Die zuvor auf Fischerei und Landwirtschaft beschränkten Orte entwickelten sich zu wohlhabenden Schiffersiedlungen. Die Kirchen, besonders aber die vielen Kapitänshäuser, zeugen noch heute davon.

KAPITÄNSHÄUSER

Die für die Halbinselkette typischen eingeschossigen Fachwerk- oder Backsteinhäuser mit herabgezogenen Krüppelwalmdächern sind eine kulturgeschichtlich interessante regionale Eigenheit. Kapitänshäuser stehen in allen Orten der Halbinselkette; besonders schöne findet man in Born, Wieck und Wustrow. Nach Beschreibung der Schriftstellerin → Käthe Miethe glichen sich Kapitänshäuser und die einfacheren, wegen der Besitzverhältnisse mitunter auch „Matrosenhäuser" genannten Katen im Grundriss, aber nicht bei der Ausstattung. Wohhabende Kapitäne ließen ihr Haus mauern und mit Ziegeln decken. Das war repräsentatitver und feuersicherer. Oft haben Kapitänshäuser auch zweiflüglige Türen, wogegen die einfacherern Häuser mir Rohr gedeckt wurden und nur einflüglige Türen hatten. Ob arm oder reich, die als Bett und Bettkasten dienende „Schifferbank" und der „Koffer" gehörten dagegen in jedes Haus. Koffer waren stabile Holztruhen, die als See- und Notgepäck griffbereit neben jeder Haustür standen. Allgemein verbreitet waren die häufig in einem Pferdekopf auslaufenden „Giebelbretter"; diese vorchristlichen Symbole sieht man noch heute häufig. Geschnitzte Türen fand man dagegen fast nur an Kapitänshäusern. Die Schnitzereien sollten Geschmack und Wohlhabenheit des Hausbesitzers dokumentieren. Dabei übertraf man sich gegenseitig, man wetteiferte um besonders schöne Motive und entwickelte die Bemalung zu einem Brauch der Seemannskultur. Aus der Blütezeit der Seefahrt blieb die Tradition erhalten, die Bemalung jährlich aufzufrischen. Früher waren die Holzteile fast ausschließlich einfarbig gehalten. 1931 erhielt ein Prerower Künstler den Auftrag zur mehrfarbigen Gestaltung eines Hauses. Dem Beispiel eiferte man

Kapitänshaus in Wustrow

sehr bald nach und seitdem werden jährlich Türen, Fensterläden, Gesimse und andere Holzteile neu bemalt. Die an Türen, Fenstern und konstruktiven Bauteilen aufwendig aufgemalten oder geschnitzten ursprünglichen Rauten-, Sonnen- und Blumenmotive gehen auf vorchristliche Glückssymbole zurück. Der aufmerksame Beobachter wird in Born besondere Vielfalt und Lebendigkeit der Tradition entdecken. Dort ist manche Tür ein Glanzstück bodenständiger Laienmalerei. In Wieck sind dagegen geschnitzte Eichentüren an Kapitänshäusern das Besondere. Die Seeleute gaben die Türen meist in Auftrag; weniger zahlungskräftige sollen sie sich während langer Seefahrten auch selbst angefertigt haben. Auch die Tradition der Schnitzereien blieb lebendig und wird gepflegt. Mit der Entwicklung des Fremdenverkehrs erhielten die Häuser vielfach einen verandaähnlichen verglasten Vorbau. Diese zum großen Teil erhaltenen gebliebenen und „Lauben" genannten Vorbauten wurden für die Gäste wegen der hohen Brandgefahr in den rohrgedeckten Häusern als eine Art Rauchsalon eingerichtet.

Die 1806 von Napoleon gegen England verhängte Kontinentalsperre unterbrach besonders in Mecklenburg den Aufschwung, da alle großen Handelshäfen blockiert waren. Erst 1813 waren wieder Weltreisen möglich. 1815 beendete der Wiener Kongress auch die schwedische Herrschaft in Pommern und schlug das Gebiet Preußen zu. Das war eine national wichtige, für die Bevölkerung jedoch keine in jeder Hinsicht glückliche Lösung, da z.B. die Segelschifffahrt die ihr in schwedischer Zeit zugestandenen Privilegien verlor und sich preußischem Reglement fügen musste. Unterordnung fiel den Küstenbewohnern schwer, und so hinterließen hier die Folgejahre mit den Revolutionswirren von 1848 kaum politische Spuren. Wirtschaftlich bedeuteten sie jedoch die größte Blüte der Seefahrt; z.B. brachte der Krimkrieg 1854-56 Riesengewinn, als sie für England und Frankreich, zugleich aber auch als „Blockadebrecher" für Russland Kriegsmaterial transportierte. Die Konjunktur brach mit der Ablösung der Segel- durch die Dampfschifffahrt jäh ab, als sich nach der Reichsgründung von 1871 und der damit verbundenen Einführung von Schutzzöllen vornehmlich an der Nordseeküste Reedereien, Häfen und Werften etablierten, der Ostseeküste aber erhoffter Aufschwung versagt blieb. Nach dem Niedergang folgten viele Seeleute der Arbeit nach Hamburg, doch ihre Familien blieben daheim. Die Schiffersiedlungen hatten kaum noch Einkünfte. Am härtesten war Zingst als größter Werft- und Seefahrerort betroffen; innerhalb weniger Jahre wanderten über 400 arbeitsfähige Einwohner ab. Erst in den Gründerjahren änderte sich das, als die Stille der Orte, ihre Ursprünglichkeit und ihre Umgebung für die Entwicklung des Badewesens ausschlaggebend waren.
In diese Aufbruchszeit fiel ein außerordentliches Naturereignis:

STURMFLUT 12.11.1872:

Stärkste Flut, die es bekanntermaßen je an Mecklenburgs und Vorpommerns Küste gab. Weite Abschnitte wurden abgetragen, Steilufer und Dünen sowie Häuser, Höfe und Anlagen verwüstet. Preußen und Mecklenburg ließen daraufhin Buhnen und Deiche anlegen. Die Flut verschloss endgültig die damals schon verlandete Mündung des Prerowstroms. Sie war so gewaltig, dass sie z.B. vor Hiddensee einen Teil des berühmten Goldschatzes an Land spülte; 1874 fand man den Rest. Bei Prerow barg man 1873 bei der Beseitigung der Flutschäden einen ähnlich wertvollen Münzschatz. Beide rund 1000 Jahre alte und kulturhistorisch bedeutsame Funde befinden sich im Stralsunder Museum.

Die Katastrophe löste eine Welle an Sympathie und Spenden aus und machten die Region bekannt, wovon der einsetzende Badebetrieb profitierte. Die Funde trugen seinerzeit sehr zur Popularität der Orte bei. Nachbildungen der schönsten Stücke wurden begehrte Mitbringsel. Souvenirproduktion und Tourismusbranche entstanden als neue Gewerbe. Dabei besann man sich auf natürlichen Reichtum und die alte Tradition der Verarbeitung von **Bernstein** zu Schmuck. Das Kunsthandwerk ist noch heute in Ribnitz-Damgarten beheimatet. Ein Besuch des Deutschen Bernsteinmuseums und der Schauwerkstatt von Ostseeschmuck ist ein Muss, denn aus dem fossilen Harz urzeitlicher Wälder fertigten Generationen wahre Wunderwerke.
Der in Mode gekommene Badeurlaub zog den Bau von Hotels und Pensionen nach sich. Großstädtischer Mittelstand baute oder mietete Sommerhäuser oder Villen. Die Besonderheit der Küstenorte war und ist es glücklicherweise auch noch heute, dass sie sich nicht zu mondänen, sondern durch Bewahrung ihrer Ursprünglichkeit eher zu beschaulichen Badeorten entwickelten und deshalb von Naturliebhabern und Ruhesuchenden bevorzugt werden. Noch in der Gründerzeit erhielten Barth und Ribnitz Bahnanschluss, 1910 wurde die → **Darßbahn** eingeweiht.
Die Weltkriege unterbrachen nicht nur die **Entwicklung des Erholungswesens**, sondern warfen sie zurück. Wie zuvor bei KdF, der nationalsozialistischen Organisation „Kraft durch Freude", ließ die Massen- und Monokultur des FDGB-Feriendienstes die schönen Orte vielfach zu unerreichbaren Zielen werden. Nicht wenige zuvor rigoros enteignete Gaststätten oder Hotels verkamen dabei in Bausubstanz und Service.
Tradition, landschaftlicher Reiz, Farben und Lichtfülle begeisterten wie ursprüngliche Natur und Lebensweise viele Künstler zur Zeit der aufkommenden Moderne. Maler, Grafiker und Holzbildhauer fühlten sich angezogen, ließen sich hier nieder und förderten ein eigenständiges **Kulturleben**. Nicht wenige Keramiker pflegen noch heute die bodenständige Tradition des hier seit Urzeiten anzutreffenden Töpferhandwerks sowohl in einfachen bäuerlichen oder klassischen als auch in

modernen Formen. Ähnlich verhält es sich mit dem Weben. Ahrenshoop war bereits um 1900 eine bekannte → Malerkolonie, die noch heute im Ruf und im Charme des in seiner dörflichen Struktur belassenen Ortes lebt. In Prerow dagegen ließ sich mehr die Geschäftswelt nieder, dadurch erhielt der Ort eher die Züge eines Badeortes. Dennoch war und ist auch Prerow Anziehungspunkt vieler Künstler. Hier finden Landschaftsmaler kontrastvolle Motive dunklen Waldes und lichtüberfluteter Strände. Auch diese Kultur wurde durch die Kriege eingeschränkt; und die DDR-Verhältnisse waren nur bedingt zu ihrer Entfaltung geeignet.
Die Orte des Fischlandes und beiderseits des Boddens behielten durch Landwirtschaft, Schifffahrt und Fischerei ihren Charakter bei. Ähnlich war es zunächst bei Zingst, doch es wurde schon früh zum Geheimtipp für sonnenreichen Urlaub in herrlicher Natur. So erstaunt es nicht, dass sich Zingst nach der Wende zielstrebig zum modernen Urlaubsort entwickelte, ohne den Landschaftscharakter zu beeinträchtigen. Naturfreunde wählen gern Born als Urlaubsort, um von dessen zentraler Lage die gesamte Halbinsel erreichen zu können. Die dörfliche Belassenheit, die Schönheit mancher Häuser, die Nähe zum Altdarß und erkennbares Bemühen um zeitgemäße Gestaltung sowie touristische Angebote sind dafür ausschlaggebend. Wieck entwickelt sich wie Bodstedt, Wustrow und Dierhagen zum Seglerdorado, vor allem für Liebhaber von → Zeesenbooten. Diese Tradition wird in Bodstedt und Wustrow besonders gepflegt. Nicht wenige bevorzugen die stillen Orte, Zeltplätze oder Feriensiedlungen am südlichen Boddenufer, um Badeurlaub mit Ruhe, ausgedehnten Waldspaziergängen, Pilzesammeln oder Segeln zu verknüpfen.
Seit altersher pflegt die Bevölkerung **Bräuche und traditionelle Lebensweise**. Dazu gehören u.a. rohrgedeckte Dächer, Türbemalung und auch Sanddornlikör. Im Übrigen spricht man in Mecklenburg-Vorpommern im Unterschied zu Niedersachsen und Schleswig-Holstein nicht von „Reetdächern", sondern von Rohrdächern. Um das Brauchtum des Fischlandes und des Darßes machten sich die Schriftstellerin → Käthe Miethe und in der Gegenwart das Fischlandhaus sowie die Museen von Zingst und Prerow verdient. Verwurzelung und Liebe bringt das Lied „Wo die Ostseewellen trecken an den Strand" zum Ausdruck; es entstand in Zingst. Besonders lebendig blieben Traditionen in den Boddendörfern; Beispiele sind die Zeesenbootsegelfahrt, Faschingsbräuche, Giebelzeichen und andere Schnitzereien an den Häusern sowie das Tonnenabschlagen.

ZEESENBOOT

Traditionelles, zwar schwerfällig wirkendes, in der Praxis aber sehr wendiges Boot, das früher für Fischfang, Boddenschifffahrt und zum Schmuggel (s. Born) genutzt wurde. Es ist durch seine ungewöhnliche Ketschtakelung und die dunkelbraunen Segel auffällig. Der Name stammt von der „Zeese", dem früher nur hier üblichen Schleppnetz. Im Gegensatz zu der in der Nordsee üblichen „Quatse" mit Grundberührung belastete sie im Zusammenspiel mit dem „Flottholz" genannten Schwimmer weniger den Grund. So war die Fangmethode nach heutigem Verständnis auch umweltverträglicher. Vereine, Veranstalter von Fahrten und Regatten mit Zeesenbooten gibt es in Ahrenshoop, Barth, Bodstedt, Dierhagen, Ribnitz-Damgarten, Wieck, Wustrow und Zingst.

TONNENABSCHLAGEN

Volksfestähnliches traditionelles Reiterspiel, bei dem im Unterdurchritt ein an einem zwischen zwei Masten gespannten Seil hängendes Heringsfass mit keulenähnlichen Schlägern zerschlagen werden muss. Wer den Boden abschlägt, wird „Bodenkönig", wer die letzte Daube herunter holt, wird „Stäbenkönig", und wem es schließlich gelingt, das letzte Stück des Fasses abzuschlagen, der wird „Tonnenkönig".

Tonnenabschlagen in Wustrow

Natürliche Gegebenheiten prägten die **wirtschaftliche Entwicklung**. Neben der Schifffahrt nahmen seit jeher Fischerei, Viehzucht, Weide- und Forstwirtschaft sowie Holzverarbeitung und bodenständiges Handwerk wichtige Rollen ein. Die regionale Besonderheit der kunsthandwerklichen Verarbeitung von → Bernstein gehörte schon immer dazu. In der Landwirtschaft war bis Ende des 18. Jh. die Waldmast üblich. Kühe und Schweine wurden den Sommer über von Hütern tagsüber in die Wälder und nachts in Gehege getrieben. Für die Tiere war das mineral- und nährstoffreiche Futter vorteilhaft; der Wald profitierte von der Bodenauflockerung. Große Schäden entstanden aber, weil die Tiere aus Sparsamkeitsgründen oft ohne Hüter blieben und sich auf wenige Stellen konzentrierten. In jüngerer Vergangenheit blieben intensive Landwirtschaft und Industrie nicht ohne Folgen für die Umwelt.

Die komplex wirkenden ***Umweltprobleme*** *der Boddenlandschaft waren charakteristisch und symptomatisch für die DDR-Verhältnisse: Das Faserplattenwerk von Ribnitz-Damgarten benötigte riesige Wassermengen aus Tiefbrunnen des Recknitztales, die es danach unzureichend geklärt und extrem organisch belastet in den Bodden leitete. Als Voraussetzung zur Kraftfutterproduktion wurden die Wiesen rund um die Bodden melioriert und mit Gülle bzw. Mineraldünger überversorgt und damit ursprüngliche Vegetation verdrängt. Durch Gülle, Dünger und organische Industrierückstände stieg der Nährstoffgehalt der Gewässer explosionsartig an, wodurch Algen wucherten und der normalen Vegetation lebensnotwendigen Raum und Sauerstoff nahmen. Diese Eutrophierung war für die Bodden bereits so gefährlich, dass sie zu „kippen", abzusterben, drohten. Die Regenerierung der Gewässer und Feuchtgebiete nahm lange Zeit in Anspruch. Ähnliche Probleme hinterließen Grundwasserentnahme und Gülle im Recknitztal. Die nur mit großem Aufwand behobenen Schäden gefährdeten nicht nur das ökologische Gleichgewicht, sondern auch den Menschen am Ende der Nahrungskette. Wichtig war deshalb die Inbetriebnahme des Klärwerkes Körkwitz.*

Der **Tourismus** veränderte sich seit der Wende grundlegend zu seinem Vorteil. Viele Orte strahlen in neuem Glanz und zeichnen sich durch zeitgemäße touristische Infrastruktur aus. Traditionelles wurde saniert und wiederbelebt, zugleich entstanden zahlreiche Einrichtungen und Neubauten. Die Sanierung sozialistischer Hinterlassenschaften schritt sichtbar voran, nur Einzelfälle konnten noch nicht abgeschlossen werden. Zeltplätze wurden modernisiert und besser ausgestattet, unterschiedlichste Freizeitangebote entstanden, wie Tennisplätze, Yachthäfen und Marinas, Surf- und Segelreviere wurden ausgetonnt, Reittouristik wird fast überall angeboten. An abgelegenen Strandzugängen, Parkplätzen und Kreuzungen stark begangener Wanderwege wurden Nottelefone aufgestellt. Nicht zu übersehen ist

die gastronomische Qualität bei angemessen differenziertem Preisniveau. Wer die gastronomische Versorgung in DDR-Zeiten mit entwürdigender Massenabfertigung erlebte, wird die Entwicklung in dem Bereich besonders schätzen. In der beliebten einheimischen Küche rangiert natürlich das Angebot an frischem Bodden- und Seefisch an vorderster Stelle. Es schmeckt in den Gaststätten, und man kann sich in urigen Fischerkneipen ebenso wohl fühlen wie in traditionellen Speise- oder gepflegten Weinrestaurants, gemütlichen Kaffeestuben und modernen Bars. Kenner werden feststellen, dass sich die hiesige Gastronomie im Gegensatz zu anderen ostdeutschen Feriengebieten durch ein ausgewogeneres Preis-Leistungs-Verhältnis auszeichnet. Insgesamt veränderte die Niederlassung neuer Unternehmen und Serviceangebote wie Fahrradverleih, Kutschfahrten, Dampferausflugs- oder -charterfahrten und anderer Dienstleister Aussehen und Atmosphäre der Orte.
Zum Besuch von Fischland, Darß und Zingst gehören wieder Spaziergänge auf Seebrücken oder der Segeltörn auf See. Liebhaber wissen Galeriebesuche, Ahrenshooper Sommer-Malkurse, Lesungen im Wustrower Fischlandhaus, die Musestunde im Ahrenshooper Kunst- oder im Prerower Kulturkaten, Konzerte in den ehrwürdigen Seemannskirchen oder Traditionsveranstaltungen im Freilichtmuseum Klockenhagen zu schätzen.

Immer beliebteres Freizeitvergnügen - das Surfen

DAS FISCHLAND

Das Fischland war frühgeschichtlich besiedelt, darauf lassen 1900 am Hohen Ufer geborgene steinzeitliche Funde schließen. Neben Schabern und Messern fand man geschliffene Steinbeile, sogar Bruchstücke geritzter Keramik. Um 700 besiedelten Slawen die ihnen als heilig geltende Insel, denn sie verehrten dort ihren Gott Swantewit. Dazu errichteten sie bei Wustrow eine Siedlung mit einer von Ringwällen umgebenen Kultstätte. Bis ins Mittelalter wurde die Insel „Swante Wustrow", Heilige Insel, genannt. Die erste urkundliche Erwähnung erfolgte 1235 noch unter dem slawischen Namen. Erst im 16. Jh. bürgerte sich die Bezeichnung „Fischland" ein. 1323 erhielt das ➜ Kloster St. Claren mit anderen Ländereien auch das Fischland. Es ließ auf dem damals „Heiliger Hügel" genannten Rest des Ringwalls eine Kirche errichten. Mit Säkularisierung des Klosters fiel die Inseldomäne 1599 an die Stände und blieb bis 1669 ritterlicher Besitz. Erst danach wurden Wustrow, Alt- und Niederhagen Amtsdörfer.
Geringe Landwirtschaftserträge zwangen die Bauern des Fischlandes stets zum Fischen auf Bodden und See. Dadurch entwickelte sich schon im Mittelalter bescheidene Handelsschifffahrt. Wustrow und Ahrenshoop besaßen dazu am Loop bzw. am Permin im Schutz des Boddens geeignete Häfen mit Seeverbindung. Allerdings blieben sie auf Druck der Hanse privileglose „Klipphäfen". Pommernherzog Bogislav VI. wollte dem entgegenwirken und Ahrenshoop zur Hafen- und Handelsstadt entwickeln. Als ersten Schritt baute er dazu den Loop zum Darßer Kanal aus und ließ am Hafen an der Boddenseite eine Burg errichten. Das Vorhaben und die Seefahrt der Fischländer überhaupt war aber der Hanse ein Dorn im Auge und so bot ihr 1394 die Vernichtung der Piraten Gelegenheit zur Ausschaltung der unliebsamen Konkurrenz. Deshalb verschloss sie nicht nur den Permin, sondern zerstörte 1395 auch den Ahrenshooper Hafen, teilweise den Darßer Kanal und 1400 noch den Wustrower Hafen. Außer adligen Piraten muss auch der legendäre Seeräuber Klaus Störtebeker beteiligt gewesen sein; noch heute wird ein Hügel in Wustrow „Störtebekers Utkiek" genannt und der Hafen in alten Quellen „Störtebeker Hafen".
Trotz der Einschränkungen verschifften die Fischländer weiterhin Getreide und Holz. Dabei war es üblich, dass mehrere Personen ihr Geld zu Bau, Kauf oder Anmietung eines Schiffes und auch zum Erwerb der Fracht zusammenlegten. Für ein neues Schiff für 50 - 60 Last (1 Last = 2 t) benötigte man 4 000 und für ein gebrauchtes 2 500 - 3 000 Taler. Der Warenerlös wurde anteilig geteilt. Am Ende des 18. Jh. wurde ergebnislos versucht, den Permin wieder auszuschachten und schiffbar zu machen, denn schon vor Napoleons Kontinentalsperre ging Getreide nach England und in die Niederlande, von dort transportierte man Salz nach Rostock, Stockholm und Petersburg oder Ziegel und Holz nach Kopenhagen, um von dort wiederum Felle, Dörrfisch und Eisenwaren mitzubringen. Ging die Fahrt nach

Strandhafer

Frankreich oder Portugal, bestand die Rückladung zumeist aus Wein. Die Seefahrt erforderte ausgebildete Seeleute, deshalb wurde 1846 die → Seefahrtsschule in Wustrow gegründet. Noch 1875 unterhielten die Fischländer eine Flotte von 56 Schiffen mit 392 Mann Besatzung. Als 1880 die Segelschifffahrt schlagartig zu Ende ging, wanderten viele Seeleute nach Hamburg ab. Sie machten als erste für den einsetzenden Badebetrieb Reklame.

Die ausgeprägten Bräuche der Fischer und Seeleute blieben auf dem Fischland in Traditionen lebendig. Dem Erbe widmet sich das Fischlandhaus. Das Fischland ist auf der 1929 zunächst bis Niehagen angelegten Landstraße erreichbar (s. Verkehrsverbindung). Bis zu ihrem Bau durch die Ribnitzer Stadtwiesen bestand nur Fährverbindung zwischen Ribnitz und Wustrow, weil die Flachgebiete häufig überflutet waren und es nur morastige Pfade zwischen Dierhagen und Wustrow gab. Einige Namen gehen darauf zurück, z.B. die Feriensiedlung „Trenntholz" oder die Erhebung „Bei den vier Pfählen". Die spätere Verlängerung der Straße bis Prerow verband sie mit den Orten auf Darß und Zingst, deshalb wird sie „Bäderstraße" genannt.

Die Beschreibung der Ziele und Orte folgt dem Verlauf der Bäderstraße.

OSTSEEBAD DIERHAGEN

Dierhagen ist das erste in der Kette der Ostseebäder. Es zählt geologisch zum Festland, doch im Alltag war es immer mit dem Fischland verbunden. Heute besteht es aus den Ortsteilen Dierhagen-Dorf, -Ost, -Strand, Neuhaus und Dändorf und hat 1.550 Einwohner.

Dierhagen war schon in der Steinzeit besiedelt. 1961 wurden bei Erdarbeiten am Boddenufer mittelsteinzeitliche Werkzeuge, verkohlte Holzreste, ausgeglühte Feuersteine und große Mengen Steinsplitter geborgen. Danach war die Senke bereits vor Füllung des Boddens, also vor Abschluss des Entstehens von Ostsee und Bodden vor 7000 Jahren besiedelt. Urkundlich wurde der Ort zuerst 1311 in einem dänischen Schutzbrief für Ribnitz als „Deerhagen am Nordrand des Stadtwaldes" erwähnt. 1324 werden in einer Klosterurkunde zwei Dörfer mit dem Namen „Tierhagen" genannt, zu denen ein Fürstenhof (Rittergut) und ein Gestüt gehörte. Der

Im Dierhäger Hafen

Name „Dierhagen" ist vermutlich deutscher Herkunft, unter einem „Hagen" verstand man ein Tiergehege. Die slawische Übersetzung davon ist „Zwerin" (wie Schwerin); der Begriff taucht in älteren Dokumenten auch als Name auf. Deshalb nimmt man an, dass das Gestüt schon in slawischer Zeit existierte und für die Wustrower Kultstätte Pferde züchtete. 1323 kamen die Dörfer zum → Kloster St. Claren, es nutzte dem Fürstenhof als Bauhof und Meierei. Der Hof und umgebende Katen wurden später „Lütken-Dierhagen" und das Dorf „Groten-Dierhagen" genannt (klein bzw. groß). Nach der Säkularisierung des Klosters wurden sie Amtsgemeinden. Das Gestüt ging vermutlich im Dreißigjährigen Krieg ein. Auch Hof und Dorf verkamen, weil die Erträge zu gering waren. Da auch Fischfang als Nebenerwerb nicht ergiebig war, pachteten die Bauern in ihrer Bedrängnis 1664 gemeinschaftlich den abgewirtschafteten Hof und sollen tatsächlich größere Erträge erzielt haben. Ungewöhnlich ist die Pachtung durch leibeigene Bauern, zumal nach dem Pachtvertrag bis 1840 verfahren wurde. Wie die Bauern verbesserten auch die Fischer ihre Lage, indem sie eine Räucherei betrieben. Im 18. Jh. war Dierhagen ein beachtliches Schifferdorf, aus der Zeit blieben einige → Kapitänshäuser erhalten. Nach 1880 wandten sich die Einwohner wieder der Fischerei zu.

Dierhagen-Strand entstand um 1910, als die Gemeinde Bauland für den Badebetrieb verkaufte und der Ortsteil angelegt wurde.

In DDR-Zeit wurden das 1928 gegründete Ostseebad Ribnitz als **Dierhagen-Ost** sowie Dändorf und Neuhaus eingemeindet.

Dändorf war auch früh besiedelt; hier fand man Gerätschaften aus der Jungsteinzeit. Name und der erwähnte Schutzbrief lassen dänische Ortsgründung um 1400 vermuten, da das Dorf zum Ribnitzer Heiligengeist-Hospital gehörte. Dem armen Fischerdorf brachte die Seefahrt außergewöhnlichen Aufschwung, so dass es im Volksmund „Golddorf" hieß. Der Rückfall in die Armut war zu Ende der Seefahrt um so härter. Viele Gehöfte verfielen. Erst als 1904 ein Gastwirt und ein Rostocker Arzt am Bodden ein Kurhaus eröffneten, ging es dank deren geschickter Werbung mit rasch einsetzendem Kurbetrieb wieder bergauf.

Neuhaus entstand aus einem Ribnitzer Vorwerk. Um 1600 sprach man von „Niehusen" oder „dat niege Hus" (Neuhaus). Minderwertiger Boden brachte kaum etwas ein. Das änderte sich, als Ribnitz das Anwesen 1905 an den Rostocker Kaufmann Pruchner verkaufte und der an der Hohen Düne ein Hotel errichtete. Obwohl Pruchners Vorstellung eines Badeortes sich nicht erfüllte, wurde sein Hotel ein Urlaubermagnet.
Die etwas auseinander liegenden Ortsteile entwickelten sich nach der Wende unterschiedlich. Dändorf und Dierhagen-Dorf veränderten mit neuen Straßen und Neubauten ihr Erscheinungsbild.

Segler-Tipp: Hafen Dierhagen Anlege- u. Liegemöglichkeit, Service

Dierhagen-Strand wirkt noch ländlich, doch durch den Zeltplatz hinter den Dünen und seine Waldlage ist es für Ruhe oder Zurückgezogenheit suchende Camper das unübertroffene Idyll ebenso wie für Eltern, die ihren Sprösslingen die Freiheit des Herumstromerns im Wald gönnen wollen.
In Dierhagen werden die Häuser "Strandhotel Fischland" und „Blinkfuer" empfohlen.

AUSFLUGSEMPFEHLUNGEN:

- Ribnitz-Damgarten
- Klockenhagen mit Freilichtmuseum (Apr.-Okt. geöff.)
  Klockenhagen *gehörte ebenfalls zur Domäne des Clarissinnenklosters, gegen das Klockenhäger Bauern 1526 aufbegehrten.* ***Freilichtmuseum Klockenhagen:*** *7 ha große Anlage zur Präsentation des seit dem 13. Jh.*

Freilichtmuseum Klockenhagen

in Mecklenburg verbreiteten Niederdeutschen Hallenhauses. 1970 entstanden, nachdem ein Klockenhäger sein Haus mit Scheune und Ziehbrunnen dem Ribnitzer Museum überließ. Danach wurde es durch Einzelhäuser, Katen, Höfe, Mühlen und Wirtschaftsgebäude sowie Backöfen, Möbel, Hausrat, Werkzeuge, Gerätschaften und Fahrzeuge aus unterschiedlichen Gebieten Mecklenburg-Vorpommerns ergänzt. Sie stammen vorwiegend aus dem 18. und 19. Jh. und vermitteln einen Eindruck früherer bäuerlicher Lebensweise. Jährlich wird u.a. ein Erntekronen-Wettbewerb veranstaltet.

- Ostseebad Graal-Müritz, Rostock und Warnemünde
- Pilzmuseum bei Körkwitz (Apr.-Okt. geöff.)
- Rad- und Wandertouren auf das Fischland und zum Darß
- **Rostocker Heide und Gelbensander Forst:** *In der urwüchsigen Heide wird manchmal die früher auch auf dem Darß übliche Teerbrennerei für Anschauungs- und wissenschaftliche Zwecke betrieben. Dazu wurde der alte Köhlerhof Wiethagen als Denkmal gestaltet. Im NSG Großes Moor (Totalreservat!) blühen u.a. Lungenenzian, häufig ist Wollgras anzutreffen. In den naturbelassenen Mooren leben Kreuzottern. Früher wurde hier Torf gestochen.*
- **Jagdschloss Gelbensande** *an der B 105, der zu DDR-Zeit als Krankenhaus genutzte und jetzt restaurierte Ziegel- und Fachwerkbau im englischen Cottage-Stil wurde 1885 für den mecklenburgischen Großherzog Friedrich Franz III. und dessen russischen Frau Anastasia, einer Enkelin des russischen Zaren, errichtet. Den Grundstein hatte Zarensohn Michail Romanow ein Jahr zuvor gelegt. Ab 1887 diente das Schloss als Sommerresidenz und nach 1919 als Wohnsitz des abgedankten Fürstenhauses.*

OSTSEEBAD WUSTROW

Wustrow begrüßt den Besucher mit der weit sichtbaren Kirche. Vom Kirchturm bietet sich ein Rundblick über den Ort, das Fischland, den Saaler Bodden und die See. Ein besonderer Schmuck des Ortes sind die jeden Sommer mit Blütenpracht überraschenden Vorgärten.

Wustrow geht auf eine befestigte slawische Siedlung mit einer Kultstätte zurück. Der Name entstand aus „Swante Wustrow" (Heilige Insel), so wurde auch der Ort 1235 erstmals in einer Urkunde genannt. Die im 14. Jh. auf den Resten der Kultstätte errichtete Kirche spielte in dem zur Domäne von → Kloster St. Claren zählenden Dorf eine wichtige Rolle, in Urkunden wird der Ort deshalb auch „Karkendorf" (Kirchdorf) genannt. Wustrow war vom Mittelalter bis zur Gründerzeit die bedeutendste Schiffersiedlung der Region. Die Sonderstellung der Segelschifffahrt resultierte aus schwedischen Privilegien, deshalb musste sie stets gegen den Widerstand der Hanse kämpfen. Die Lage zwang die Fischländer zu zielstrebiger Geschäftstätigkeit und solidem seemännischen Können. In beidem

erfolgreich, gelangte Wustrow zu Ansehen und Reichtum, den die Bewohner mit ihren Häusern zum Ausdruck brachten. 1869 vernichtete ein Brand fast den ganzen Ort, deshalb blieben nur wenige ➜ Kapitänshäuser erhalten. Der Brand fiel mit dem Niedergang der Segelschifffahrt zusammen, so dass die bis dahin wohlhabende Schiffersiedlung viele arbeitsfähige Einwohner verlor und verarmte. 1880 gründeten Wustrower einen Gemeinnützigen Verein zur Entwicklung zum Badeort. Unter anderem gingen die Inbetriebnahme der Rostocker Bahn 1889 bis Ribnitz und die Fährverbindung Ribnitz - Wustrow darauf zurück. Fremdenverkehr und Seefahrtsschule prägten daraufhin das Bild.
In Wustrow lebte ab 1923 jeweils in den Sommermonaten die Leipziger Gymnastiklehrerin **Dora Menzel** und gründete hier als Form modernen Ausdrucktanzes eine FKK-Gymnastikgruppe, die im Volksmund als **„De Hüppers un Springers"** bekannt wurden. Dora Menzel verbrachte ihren Lebensabend in dem Ort und wurde hier auch bestattet.
Nach der Wende erfuhr der Ort nicht nur mit der Wiedererrichtung der Seebrücke, sondern vor allem durch die Neugestaltung der Strandstraße eine sichtbare Aufwertung als Ostseebad. Der Hafen am Bodden ist unter Seglern ein Begriff, weil hier die ➜ Zeesenboottradition lebendig blieb. Über ein Jahrhundert war die Seefahrtsschule von Wustrow eine landesweit bekannte Bildungsstätte.

Schifferwiege, Wustrows ältestes Kapitänshaus

Seefahrtsschule: *Die 1992 geschlossene Bildungsstätte ging auf die auf dem Fischland seit der Schwedenzeit übliche winterliche Ausbildung von Schiffern und Steuerleuten (Kapitäne bzw. Schiffsoffiziere) durch erfahrene Praktiker zurück. Als sporadische Privatausbildung nicht mehr genügte, wurde 1846 die „Großherzogliche Navigationsschule" eröffnet und 1847 deren Hauptgebäude vom Schweriner Hofbaumeister Georg Adolph Demmler errichtet. Die Einrichtung hatte nach dem Ende der Segelschifffahrt Existenzprobleme, konnte sich aber ab 1900 als Hochschule durch die Ausbildung in Navigation, Kartographie sowie See- und Handelsrecht und ab 1908 auch in Funktechnik behaupten. 1917 wurde ein Türmchen zur Navigation errichtet. Ab 1938 hieß die Einrichtung „Reichsseefahrtsschule". Nach dem Zweiten Weltkrieg wurde sie ge-*

schlossen und diente als sowjetische Marineunterkunft, erst 1949 erfolgte die Wiedereröffnung. Der Turm entstand 1959-64. 1965 wurden Einzeldisziplinen nach Warnemünde verlagert. 1969 begann in beiden Orten universitäre Ausbildung unter dem Namen „Ingenieurhochschule für Seefahrt Warnemünde/Wustrow". Das Ende der DDR besiegelte auch das der noch 1989 in „Hochschule für Seefahrt" umbenannten Einrichtung und die Studiengänge liefen aus. 1992 endete die 146-jährige Geschichte der Bildungsstätte.

Neben seemännischen Gepflogenheiten wird in Wustrow das Brauchtum gepflegt. Dazu gehört regelmäßige Farbauffrischung der Bemalung der Kapitänshäuser. Wie am südlichen Boddenufer wird das traditionelle → Tonnenabschlagen als Volksfest begangen. Zeugnisse der Vergangenheit sind auch Schiffsbilder und -modelle. Leider ging ein Teil der Sammlung im Zweiten Weltkrieg verloren.

SEHENSWÜRDIGKEITEN:

- **Fischlandhaus** in einem Kapitänshaus in der Neuen Straße. Es ist Museum, Kulturhaus und Bibliothek zugleich und besonders um Traditionspflege bemüht.
- Die neogotische **Kirche** wurde 1869-73 errichtet, nachdem die für die Ortsgründung bedeutsame frühgotische Feldsteinkirche trotz ihrer historischen Bedeutung wegen Baufälligkeit abgetragen wurde. Der hohe Turm des Neubaus diente als Seezeichen und die umlaufende Aussichtplattform der Seefahrtsschule bis zur Errichtung ihres eigenen Turms zur praktischen Navigationsausbildung.
- **Schifferwiege** gegenüber der Kirche, englischrot gestrichen, Wustrows ältestes Kapitänshaus mit historischem Schiffsbild.
- **Runenhaus** geschichtlich interessantes Ensemble im Ortsteil **Kuhleger**: während der Kontinentalsperre wurden darin Schmuggelwaren umgeschlagen und junge Seeleute versteckt, die zum französischen Militär eingezogen werden sollten. In dem schönen Fachwerkhaus lebte das Künstlerehepaar Holz.
- **STINNE** zum Restaurant- und Hotelschiff umgebaut, nachdem der 1965 gestrandete dänische Schoner nicht geborgen werden konnte
- Das urige **Restaurant „Mobby Dick"** als Nachbildung von Kapitän Ahab Schiff
- Der vom Hafen sichtbare, malerisch gelegene und ursprüngliche Ortsteil **Barnstorfer Hufen** mit der **Kunstscheune Barnstorf** und der Boddenhalbinsel **Hoher Ort**. Die Gehöfte von Barnstorf zählen zu den schönsten des Fischlandes in erhaltener dörflicher Ursprünglichkeit; die aber neuerdings durch einen Neubau beeinträchtigt ist.
- zum Wohnhaus ausgebaute Windmühle am nördlichen Ortsausgang

AUSFLUGSEMPFEHLUNGEN:

- Fuß- und Radtouren in nördlicher Richtung entlang der Althäger Sandkuhle und des Hohen Ufers bis → Ahrenshoop und weiter zum → Darß, am sanddornbewachsenen Hochufer Nestlöcher von Uferschwalben, Rundsicht vom 18 m hohen **Bakelberg** über See, Felder, Saaler Bodden und Althäger Sandkuhle.
- Tour am Bodden entlang zum Althäger Hafen und weiter nach Born. Der Deich stammt von 1847/48, als er sich bei der Sturmflut von 1872 als zu niedrig erwies, wurde er stabilisiert, erhöht und verbreitert.
- Radtour auf dem Deichweg nach Dierhagen, Freilichtmuseum Klockenhagen, Ribnitz
- Ab Hafen Linien-, Ausflugs- und Charterfahrten auf dem Bodden, auch Zeesenbootfahrten werden angeboten.

  Segler-Tipp: Anlege- u. Liegeplätze, Service, Charter

OSTSEEBAD AHRENSHOOP

Das Ostseebad besteht aus den Ortsteilen Niehagen, Althagen und Ahrenshoop. **Niehagen** liegt als erster Ortsteil nördlich von Wustrow. Daran schließt sich **Althagen** an. Beide Orte wurden 1950 mit Ahrenshoop und der dazwischen liegenden Siedlung **Fulge** vereinigt. Niehagen und Althagen entstanden als Rodungsdörfer in der Domäne von St. Claren. Althagen ist wahrscheinlich älter, es war vermutlich schon in der Steinzeit besiedelt. Am Bakelberg fand man steinzeitliche Werkzeuge und große Mengen Feuersteinsplitter. Niehagen (Neuhagen - neues Dorf mit Gehege) wurde in alten Dokumenten auch „Niederhagen" genannt. In Althagen lebte die Schriftstellerin Käthe Miethe. In ihrem Haus kann man Ferien besonderer Art verleben.

> ***Käthe Miethe*** *(1893-1961): Die ehemalige Berliner Journalistin machte sich als Autorin und Herausgeberin mehrerer Bücher über Fischland, Darß, Zingst, Rügen und Hiddensee verdient. Unter anderem trug sie zur Pflege und Wiederbelebung des Brauchtums bei, indem sie das Leben früherer Generationen studierte und beschrieb. Mit dem Fischland-Buch setzte sie 1947 ihrer Wahlheimat ein Denkmal, darin beschreibt sie Orte und Lebensweise als geschlossenen Kulturkreis mit eigenem Gesicht.*

Zwischen Niehagen und Althagen liegen kleine Wiesen und Felder, kurz danach beginnt der eigentliche Ort **Ahrenshoop**. Der Weg zum Strom erinnert an den Alten Strom, einem noch im 19 Jh. vorhandenen Rest des → Loop bzw. → Darßer Kanals. Ahrenshoop wurde 1311 erstmals als „Landzunge am Loop" zur Reviermarkierung für Boddenfischer erwähnt. Unklar ist, ob die Flur damals besiedelt war. Da der Ortsname vermutlich auf den dänischen Vornamen Arne zurückgeht, ist frühe-

Ahrenshoop

re Besiedlung nicht ausgeschlossen. Belegt ist, dass zu der 1395 von der Hanse zerstörten Hafenbefestigung ein größeres Fischlager, eine „Vitte", gehörte. Dort kauften Hansekaufleute Salzheringe auf. Wahrscheinlich dienten unzerstörte Reste des Darßer Kanals noch als Seehafen, denn erst um 1455 verlandete die Seeverbindung endgültig. Noch in einer Karte von Tilemann Stella aus dem 16. Jh. wird kein Ort, sondern nur ein Salzhaus, der „Gorborhof", erwähnt. Die darin geschlossen dargestellte Küste veränderte sich nochmals 1625, als eine Sturmflut den Kanal wieder aufriss und das Anwesen vernichtete. Nachdem der Darß im Dreißigjährigen Krieg schwedisch wurde, sind in den Matrikelkarten von 1696 zwei Gehöfte verzeichnet. Dort wohnten der Heidereiter, ein höher gestellter berittener Jäger, und ein Leineweber. Dessen Haus „am versandeten Loop" war auch Fährhaus. Die Schweden gewährten den Fischländer Seeleuten Privilegien, viele Wustrower zogen deshalb ins schwedische Ahrenshoop. Erst damals entstand der heutige Ort als ländliche Fischer- und Schiffersiedlung. Seit damals markiert der Grenzweg die mecklenburgisch-pommersche Grenze und die Trennlinie zwischen Fischland und Darß. Deshalb war das Dornenhaus früher auch Zollstation. Der Niedergang der Schifffahrt machte Ahrenshoop zum „Powerdörp" (power -

arm), dessen melancholisches Aussehen Maler anzog, die ursprüngliche Natur als Sujet suchten. Schon um 1890 hatte der Ort einen Namen als Malerkolonie, wovon auch der einsetzende Badebetrieb profitierte.

Malerkolonie: *Gründer waren die Kunstprofessoren Paul Müller-Kaempf und Friedrich Wachenhusen. Die Heimatforscherin → Käthe Miethe fand heraus, dass vor ihnen der Maler Carl Malchin und die Malerin Eva Stort mehrere Sommer in Ahrenshoop arbeiteten. Da Eva Stort in Männerhosen herumlief und etwas eigenwillig gewesen sein soll, sah man in ihr eher eine Verrückte als eine Künstlerin. Widerlegt ist unterdessen die Annahme, sie habe die Professoren für die Unberührtheit Ahrenshoops begeistert. Entscheidend für die Entstehung der Kolonie war, dass Müller-Kaempf und Wachenhusen in dem Ort mit Studenten Sommer-Malkurse durchführten und 1892-97 die Pension St. Lukas in der Dorfstraße 35 sowie einige Malerhäuser bauen ließen. Müller-Kaempf und Theobald Schorn eröffneten 1909 den* ***Kunstkaten*** *als „Begegnungsstätte der Kunst". Den Professoren folgten impressionistische Landschaftsmaler; dadurch entstand der Ruf des Ortes als Malerkolonie. Zeugnisse sind die 1893 entstandenen und in Berliner Galerien hängenden Gemälde "Schifferfriedhof" von Paul Müller-Kaempf und „Fischerfriedhof" von Ludwig Dettman. Noch heute als* ***Malerhäuser*** *erkennbare Gebäude blieben auf dem Schifferberg erhalten. Das 1912 von Prof. Franz Triebsch gebaute Haus Nr. 11 war das letzte der Künstlerhäuser. Nicht wenige wohlhabende Intellektuelle der Gründerzeit besuchten deshalb Ahrenshoop und mieteten oder bauten selbst Ferienvillen.*

Die Malerkolonie löste für Ahrenshoop und die gesamte Halbinselkette den Aufschwung des Seebadebetriebes aus. Einziehendes bürgerliches Leben drängte die Ursprünglichkeit suchenden Maler in den Hintergrund. Dennoch entwickelte sich aus der Kolonie ein Künstlerort, der bis heute Prominente aus Literatur und Film anzieht. Sie setzen gemeinsam mit Bildenden Künstlern die Tradition auf neue Weise fort. Sie macht heute mit regem Kulturleben den Charme des landschaftlich schön gelegenen Ortes aus, in dem mehrere Keramiker leben und arbeiten. Hier wurde schon immer getöpfert, deshalb spricht man von der **Fischlandkeramik**, die die Künstler zum Verkauf anbieten.
Ahrenshoop zählt heute 850 Einwohner und ist bevorzugter Badeort, allein der Weststrand zieht jährlich Tausende FKK-Fans an. Mit der Reha-Klinik entwickelte es sich auch zum gern besuchten Kur- und Genesungsort. Am Standort der Klinik ereignete sich 1872 ein Flutriss, wobei die Dünen überspült und der Ort fast zerstört wurde.

SEHENSWÜRDIGKEITEN UND VERANSTALTUNGEN:

- Der **Kunstkaten**, die im Zuge der Weimarer Bauhausgründung 1922 gegründete und in deren Stil errichtete **Bunte Stube**, das **Neue Kunsthaus**

Kunstkaten in Ahrenshoop

Ahrenshoop sowie Expositionen neuer Galerien bieten Sehens-, Hörens-, Lesens- und Erlebenswertes

- **Keramikerwerkstätten**
- Rohrgedeckte Bauernhäuser: Haus Elisabeth, Fachwerkhaus Dorfstr. 26, Dornenhaus
- Die rohrgedeckten **Kirche** wurde 1951 errichtet und ist mit historischen Schiffsmodellen ausgestattet. Das Bauwerk ist einem kieloben liegenden Fischerboot nachempfunden. Beliebt sind Konzerte auf der Schuke-Orgel.
- Die **Schwedenschanze** auf dem Schifferberg wurde 1806 während der Kontinentalsperre als schwedischer Verteidigungs- und Beobachtungsposten errichtet, um französische Kontrollschiffe rechtzeitig erkennen und melden zu können. 1813 wurde sie zur Deckung der schwedischen Armee beim Rückzug nach Rügen mit Palisaden befestigt.
- Tonnenabschlagen im Juli, Zeesenbootregatta 3. Septemberwochenende, Jazz-Fest 4. Juniwochenende, Kunstauktion 1. Samstag im August

Eissegler

AUSFLUGSEMPFEHLUNGEN:

- Wanderungen oder Radtouren durch den Darß zum Darßer Ort und nach Prerow
- Weststrand, Esper Ort, Darßer Ort
- Radtour am Bodden nach Born, Bliesenrade und Wieck
- Radtour am Bodden nach Wustrow, Dierhagen und Ribnitz
- Spaziergang am sanddornbestandenen Hohen Ufer nach Wustrow, im Kliff Höhlen von Uferschwalben.

Ahrenshoop zeichnet sich durch ein breites und preislich differenziertes Gaststättenangebot aus. Manche Restaurants sind seit jeher Künstlerlokale, einige wurden Szenetreffs. Nicht nur Insider fühlen sich wohl bei einem kultiviert servierten Wein von „Buhne 12" die Abendstimmung am Hohen Ufer zu erleben oder die Atmosphäre im „Café Namenlos" zu genießen.
Segler-Tipp: Anlege- u. Liegeplätze, Hafen Althagen Zufahrtstiefe 1,7 m, Slip

DER DARSS

Der Name ist wahrscheinlich slawischen Ursprungs. Da sich die Schreibweise mehrmals änderte: "Darz", "Dartze", "Dartz" und "Dars", gibt es zwei Deutungen: Laubwald von „drazd" oder Dornbusch von „draci". 1715-20 übertrug Schweden die Besatzungsgewalt an Dänemark. Die Dänen rodeten in der Zeit den Wald und verkauften sogar Einschlagrechte an Spanien und Frankreich zur Holzgewinnung für den Schiffsbau. Sie ließen in den wenigen Jahren Tausende Arbeiter den Wald zur Hälfte abholzen. Die Folgen waren schlimm; unter anderem ging dadurch der natürliche Eibenbestand fast verloren.
Die Ursprünglichkeit des Darßwaldes veranlasste mehrfach zu Überlegungen, ihn zum Naturschutzreservat zu erklären. Erstmals wurde sie um 1900, dann nach dem Ersten Weltkrieg wieder laut. 1931 empfahl der schwedische Ornithologe und Naturkundler Bengt Berg, den Darß zum Deutschen Urwild-Park zu gestalten und darin Elche und Wisente auszusetzen. Dem Zeitgeist folgend und allem Nordischen huldigend, wurde die Idee 1935 im Reichsnaturschutzgesetz aufgegriffen und der Darß als NSG vorgeschlagen. Göring griff als Reichsforstmeister die Pläne für ein Großschutzgebiet Darß/Zingst auf und ließ dazu Land aufkaufen. „Reichsnaturschutzgebiet Darß" sollte es heißen; mit der Bezeichnung wurden bereits Ansichts- und Wanderkarten veröffentlicht. 1935 wurden im Darß (und in der Goor, einem kleinen urwaldähnlichen Wald bei Lauterbach auf Rügen) Elche und Wisente ausgesetzt. Anfangs war man begeistert, wenn die majestätischen Elche auf der Buchhorster Maase ästen. Doch als sie im Winter die Bäume verbissen, erschrak man über den großen Schaden. Schneller kam man bei den Wisenten zur Einsicht, dass die umtriebigen Tiere größeren Raum benötigten und hier ungeeignet waren. Im Krieg legte man die Naturschutzambitionen rasch ab. An der → Sundischen Wiese ließ man eine Luftwaffen-Ausbildungsstätte mit Bombenzielabwurfgelände einrichten; in Born entstand eine Hundeschule zur Vorbereitung zum Kriegseinsatz als Sanitäts- und Minensuchhunde. Eine besondere Rolle spielte dabei der von der Bevölkerung „Grüner Teufel" genannte Forstmeister Franz Mueller-Darß, ein überzeugter Nazi und berüchtigter SS-Mann im Generalsrang, der dem Leitbild des Nordisch-Arischen folgend sich einerseits bei der Wiederentstehung naturnahen Waldes verdient machte und anderseits sich nach dem Krieg seiner für Widerstandsaktionen in den von der Sowjetarmee besetzten Gebieten errichteteten und von ihm „Darß-Festung" genannten geheimen Bunkeranlagen rühmte. 1957 entstand das NSG Westdarß und Darßer Ort, aber durch die spätere militärische Nutzung verkam der positive Akt zur Farce. Erst die Erklärung zum Nationalpark schuf den für die Landschaft erforderlichen und angemessenen Rahmen.

ZIELE UND TEILGEBIETE AUF DEM DARSS

Große Teile des Darßes gehören zum Nationalpark; Weststrand und Darßer Ort unterliegen besonderem Schutz. Mit seiner ursprünglichen Natur ist der Darß ein beliebtes Wandergebiet und der Weststrand seit vielen Jahren Inbegriff für FKK-Badeurlaub. In dem herrlichen Wald mit einer Gesamtfläche von ca. 4 500 ha finden Wanderer, Fotofreunde, Naturliebhaber und Spaziergänger Freude und Entspannung an den Naturschönheiten.

Ilex

Das **NSG Ahrenshooper Holz** ist ein ökologisch sensibles Biotop. Eine Besonderheit ist der an feuchten Stellen wachsende Ilex. Der volkstümlich „Stechpalme" oder „Hülsenbaum" genannte und mit den Dornenblättern mediterran anmutende Strauch findet hier seine größte Verbreitung in Mecklenburg-Vorpommern und ist nur noch auf Rügen und Usedom vereinzelt anzutreffen.

Der **Parkplatz Drei Eichen** eignet sich als Ausgangspunkt zum Baden am Weststrand und für Wanderungen. Der Waldrand markiert den Südrand des Altdarßes. Die **Rehberge** haben einen beliebten Strandzugang. Sie sind bequem vom Großen Stern oder vom Deichradweg erreichbar.

Das **Alte Meeresufer** bildete früher die Nordwestspitze vom Darß, heute markiert es den Übergang vom Alt- zum Neudarß.

Altes Meeresufer: *Das buchenbestandene Naturdenkmal wird als erhaltener Nordrand des Inselkerns auch „Altdarß-Kliff" genannt. Von da aus zog sich seine Nordflanke Richtung Prerow. In den 70er-Jahren wurde in der Nähe eine Jagdhütte zur Staatsjagd errichtet und weit umzäunt. Dort steht ein Gedenkstein für Forstmeister Freiherr Kurt von der Recke.*

Die Urwüchsigkeit vom **Altdarß** erlebt man, wenn man von Ahrenshoop, Born oder Wieck kommend den Großen Stern als Orientierungspunkt ansteuert. Üppiger Mischwald mit Stieleichen, Buchen, Birken und einzelnen Kiefern lässt zwischen hohen Farnen und Sträuchern die Sommerhitze vergessen. Der **Große Stern** ist Knotenpunkt mehrerer Wege. Unter dem Schutzdach kann man rasten, an der Kreuzung befindet sich wie an anderen stark frequentierten Punkten ein Nottelefon. Nur wenige hundert Meter nördlich des Alten Meeresufers liegen die **Mühren**, aus Riegen entstandene romantische Lichtungen mit feuchten Wiesen und moorigem Buschland.

FKK-Baden am Weststrand

Kurz danach steht am Abzweig des Müllerweges vom k-Gestell das Raesfeld-Denkmal.

Raesfeld-Denkmal: *Grab des langjährigen Forstmeisters Ferdinand Freiherr von Raesfeld. Er galt als Altmeister deutschen Weidwerks, stand dem Borner Forstamt 1891-1913 vor und machte sich mit systematischer Bestandspflege, naturgerechter Wiederaufforstung verödeter Flächen und der Kultivierung des Darßer „Urwaldes" verdient. Als wissenschaftlicher Autor kritisierte er zu hohen Wildbestand in Staatsforsten und geriet damit in Konflikt mit dem oft in seiner Blockhausvilla in der Prerower Waldsiedlung residierenden Prinz Eitel Friedrich von Preußen, der ihm als Jagdherr vorstand und vordergründig Trophäen im Auge hatte. Sie überwarfen sich und Raesfeld wurde pensioniert. Er starb 1929 und wurde zunächst am Chiemsee beigesetzt. Der Deutsche Jagdschutzverein entsprach seinem Wunsch, ließ ihn mit Hilfe einer Spendenaktion ein Jahr später überführen und im Darß feierlich bestatten. Das Forst- und Jagdmuseum in Born trägt seinen Namen.*

Müllerweg: *Der Weg trägt seinen Namen schon über 300 Jahre. Obwohl es noch mehrere andere Punkte mit Bezug auf eine Mühle auf dem Darß existieren, gibt es keinen Anhaltspunkt für deren frühere Existenz. Nur bei → Bliesenrade stand schon vor 1729 eine Mühle.*

Folgt man vom Großen Stern dem Mecklenburger Weg zum Weststrand, gelangt man beim i-Gestell zum Steinreff.

> ***Steinreff:*** *An der ca. 800 v.u.Z. entstandenen Randzone zwischen Alt- und Neudarß lagerte stürmische See eiszeitliches Geröll ab.*

Östlich des Großen Sterns liegt links vom Mecklenburger Weg eine große Lichtung, die Buchhorster Maase.

> ***Buchhorster Maase:*** *50 ha große natürliche Lichtung, die im Mittelalter als Gehege für die → Waldmast genutzt wurde. Bei Staatsjagden bot sie freien Abschuss. Was schon die Pommernherzöge nutzten, machten sich auch Preußens Hochadel, Göring und spätere Potentaten rücksichtslos zu Nutzen. Der reiche Wildbestand lockte hier mit ungewöhnlichen Trophäen. Manchmal findet auf der Lichtung nach alter Tradition Waldgottesdienst statt.*

Am g-Gestell sind die als Naturdenkmal gekennzeichneten und schon oft gemalten knorrigen alten Buchen ein lohnendes Ziel und Fotomotiv.
Der **Weststrand** ist wegen seines breiten und feinkörnigen Sandstrandes seit Generationen beliebtes FKK-Refugium. Vor der Kulisse der Windflüchter herrscht zwischen den Burgen aus Schwemmgut und bizarren Baumskeletten jeden Sommer frohes Badeleben. Hier kann man in Ruhe den Bestseller lesen, schwimmen, Urlaub und natürliche Schönheit mit allen Sinnen genießen. **Esper Ort** liegt am Ende des Langseerweges und ist der markanteste Punkt am Weststrand. Hier ist der Strand besonders breit; zugleich ist der Landabtrag deutlich zu beobachten: noch Anfang der 60er-Jahre standen riesige Buchen als Windflüchter am Waldsaum.

ACHTUNG!

- Das Betreten der Dünen und Steilufer ist wegen der akuten Absturzgefahr und zum Schutz des Landes verboten!
- An den meistens ausgebauten Strandzugängen und am Ende des Müllerweges befinden sich Fahrradparkplätze und Notrufsäulen.

Darßer Ort bildet die Nordspitze und ist als sensibles Anlandungsgebiet eine Kernzone des Nationalparks. Für den Besucher sind Leuchtturm, Leuchtturmcafé, Nationalpark-Informationszentrum, Natureum und Rundwanderweg lohnende Ziele.

> ***Leuchtturm Darßer Ort:*** *Der 1991 restaurierte Leuchtturm ging 1849 in Betrieb. Er ist heute der älteste noch in Betrieb befindliche Leuchtturm an der Ostseeküste und hat eine Feuerhöhe von 33 m. Von der über 126 Stufen erreichbaren Plattform hat man einen einmaligen Rundblick. Nach der*

Wende verstummte mit Einführung digitaler Funktechnik die „Seekuh". So wurde sein Nebelhorn genannt.

Natureum: *Das Natureum ist eine Ausstellung des Deutschen Meeresmuseums Stralsund zur Erläuterung des Naturraums Darßer Ort, seiner Pflanzen- und Tierwelt und der küstenmorphologischen Vorgänge.*

Rundwanderweg Darßer Ort: *Der Lehrpfad kann vom Leuchtturm und vom Nothafen am Ottosee betreten werden. Der mit dem Rückbau der Militäranlagen angelegte 3,5 km lange Rundweg ist mit Erläuterungstafeln ausgestattet und führt in die Kernzone. Teilweise ist er zum Schutz der Vegetation bzw. wegen des moorigen Untergrunds mit Bohlen befestigt.*

Leuchtturm am Darßer Ort

ACHTUNG:

- Das Verlassen des Rundwegs ist nicht gestattet.
- Rad fahren ist verboten; am Leuchtturm und am Nothafen gibt es Fahrradparkplätze.

Es empfiehlt sich, den Rundgang am Leuchtturm zu beginnen. **Wegbeschreibung des Rundwanderweges:** Zunächst geht er über die streng geschützten Dünen, von ihnen ist die Kette von Süder-, Bramhaken-, Norder-Bramhaken-, Teerbrenner-, Brand- und Sandkruesee zu sehen.

Teerbrennersee: *g*

Größte der Dünenlagunen am nördlichen Weststrand, existierte schon im 17. Jh. Damals wurde wegen Brandgefahr in Strandnähe Teer aus Kiefernstubben „gekocht", wie man seinerzeit die Teerdestillation nannte. Auch Holzkohlenmeiler brannten hier. Die schon 1618 erwähnte Teerbrennerei war herzoglicher Besitz und wurde verpachtet. In den Matrikelkarten ist sie am „Lüticke Promhagen", dem heutigen Süder Bramhakensee, eingezeichnet. Um 1767 standen an den Seen zwei Teerbrennereien und eine Siedlung von 14 Häusern sowie um 1880 die Gaststätte „Waldhaus".

In der Kernzone des Nationalparks

Der Pfad folgt dem Weststrand nach Norden. Die Spitze von Darßer Ort ist dem Vogelschutz vorbehalten, deshalb schwenkt er am Ende der öffentlich zugänglichen Uferzone nach rechts ab und führt über die Dünen zum **Libbertsee**. Dort befindet sich die westliche Aussichtsplattform. Für den Besucher ist die Weite der Seelandschaft beeindruckend. Während der seichte See dichtes Schilf und Binsen vorweist, entwickelten sich auf Dünen Gräser und Sträucher. In dem Anlandungsgebiet leben unzählige Vogelarten. Von der Plattform schlängelt sich der Weg an der Heide entlang.

Dünen Darßer Ort: *Auf dem kurzen Wegabschnitt treten die typischen Dünenformen vom Spülsaum über die Weiß-, Grau- und Braundüne mit ihren Vegetationsformen bis zur Bildung eines Dünenkiefernwaldes auf.*

Faszinierend ist der Blick von der östlichen Aussichtsplattform: Deutlich ist die Entstehung neuer Sandbänke und Lagunen am nordöstlichen Ufer zu beobachten. Bei klarer Sicht ist der Hiddenseer Dornbusch zu sehen. Die ehemalige Bernsteininsel erkennt man an ihrem als Schaumkrone sichtbaren langen Sandhaken.

Bernsteininsel: *Die ehemals vorgelagerte Insel ist mittlerweile durch Anlandung fest mit dem Land verbunden. Sie hat einen Strandsee, den* ***Fukareksee****, eingeschlossen. An ihrem Ufer fand man oft Bernstein. Sie ist, wie die Lagunen, Vogelschutzgebiet. Höckerschwäne fühlen sich als Herrscher des windigen Eilands.*

Von der Plattform geht der Weg durch Heide und danach durch Moorland mit bezaubernder Blütenpracht. An einer Brücke zweigt der Verbindungsweg zum Nothafen am **Ottosee** ab.

Ottosee und Nothafen: *Der Ottosee ist ebenfalls ein durch Anlandung und Einschluss entstandener Strandsee. Der darin befindliche ehemalige Militärhafen mit dem in den 60er-Jahren ausgebaggerten Stichkanal dient bis zur Fertigstellung einer Ausweichvariante noch als Nothafen laut gesonderter Verordnung.*
Hinweis: *Vom Nothafen führt auch ein Weg direkt nach Prerow. Am Zufahrtskanal zum Nothafen befindet sich eine weitere Aussichtsplattform. Von dort kann man am Nordstrand nach Prerow laufen.*

Segler-Tipp: über 100 Liegeplätze nach Nothafen-Satzung!

Der Rundwanderweg führt als stabiler Bohlensteg von den Feuchtwiesen durch Dünen und Kiefernwald zurück zum Leuchtturm.
Darßer Ort ist von Prerow mit der so genannten **„Darßbahn"** erreichbar. Sie bringt Besucher bis in die Nähe des Nothafens. Außerdem werden dorthin Kutschfahrten ab Born, Wieck und Prerow angeboten; ansonsten ist Darßer Ort nur zu Fuß oder mit dem Rad erreichbar.
Hinweis: *Das Nationalparkamt bietet geführte Wanderungen ab Endhaltestelle der Darßbahn in die Schutzzone I am Darßer Ort an.*

BORN

Born wurde nach dem Ende der Segelschifffahrt wieder zum stillen Dorf inmitten der Boddenwiesen. Deshalb entwickelte sich hier das Erholungswesen erst spät. Dieser Umstand trägt heute neben seiner geschützten Lage zum besonderen Flair des Ortes bei.
Born wurde vermutlich nach der deutschen Ostexpansion gegründet; vorherige frühgeschichtliche Besiedlung ist wahrscheinlich, aber nicht belegt. Der Namensursprung ist unklar: Vom mittelhochdeutschen „bornen" (abbrennen) könnte er sich von der im Mittelalter zur Landge-

Kapitänshaus in Born

winnung üblichen Brandrodung ableiten oder vom slawischen „bori" (Föhre, Föhrenland) als Hinweis auf die Lage am Waldrand verstehen. Die ersten Siedler waren vermutlich vom Festland verdrängte Slawen. Born besitzt bestes Acker- und Weideland. In der schwedischen Matrikelkarte wurde es als typisches Fischer- und Bauerndorf bezeichnet. Die riesige **Dorflinde** bildete schon damals das Zentrum. Die Pommernherzöge errichteten in der Nähe des heutigen Hafens ein Jagdhaus. Es diente ab 1768 als Oberförsterei für den Darß. Das Bild änderte sich im 18. Jh. mit der Schifffahrt grundlegend, als sich Bevölkerung und Ort vergrößerten und die ausgedehnte Streusiedlung entstand. Hier arbeiteten Schmiede und Seiler für die Seefahrt, wohlhabende Schiffer bauten Kapitäns-, weniger finanzkräftige einfachere Matrosenhäuser. Nach Ende der Schifffahrt sank der Ort in Lethargie, da der Haupt-erwerb fehlte und die Landwirtschaft zugunsten der Jagd eingeschränkt wurde, so dass die nicht abgewanderte Bevölkerung verarmte. Bis in die jüngste Vergangenheit prägte die Landwirtschaft den jetzt 1 300 Einwohner zählenden Ort. Das Erholungswesen entwickelte sich ab 1930 zunächst nur zaghaft, sprunghaft aber erst in den 60er-Jahren. Trotzdem blieb auch in DDR-Zeit die Landwirtschaft die Haupterwerbsquelle. Das ist teilweise noch an erhaltenen Anlagen des früheren Volkseigenen Gutes (VEG) Zingst/Darß zu erkennen.

Eine Besonderheit Borns ist die **lebendige Brauchtumspflege:** Mit großem Aufwand und unter Beteiligung des ganzen Ortes wird der Faschings-Maskenball mit kunstvoll selbstgefertigten Kostümen und Masken begangen. Bekannt sind die Kinderfeste zu Pfingsten, die Hubertusjagd und das → Tonnenabschlagen. Beliebte Attraktion ist das Sommertheater mit vielseitigem Kleinkunstangebot.

Zum Brauchtum gehören Bewahrung und Pflege der zahlreichen → Kapitäns- und Matrosenhäuser. Hier trifft man noch auf → Schifferbank und → Koffer. Im Vordergrund steht die jährliche Erneuerung der Bemalung von Türen, Fenstern und Bauteilen. Noch heute findet man in der Süd-, Nord- und Chausseestraße, auf dem Mühlenberg und dem Branden solche Häuser mit schönen Schmuckelementen.

An die baugeschichtliche Tradition der Seefahrtszeit knüpfte die erst 1935 entstandene **Seemannskirche** bewusst an. Der schlichte Innenraum zeichnet sich durch sehr gute Akustik aus und wird deshalb für Konzerte genutzt.

Der Park des herzoglichen Jagdhauses ist noch erhalten. Die Alte Oberförsterei wurde 1770 errichtet und steht unter Denkmalschutz. Darin befindet sich das Borner Forst- und Jagdmuseum „Ferdinand von Raesfeld". Unterdessen ist der Fremdenverkehr das Zugpferd des Ortes, hier bemüht man sich um sanften, naturverträglichen Tourismus. Nordwestlich des Ortes befindet sich das Nationalparkamt.

Der Ort bietet sich durch seine zentrale Lage als Ausgangspunkt für Wanderungen oder Radtouren auf der gesamten Halbinsel an. Besonders günstig ist er als Basis zur Naturbeobachtung oder -fotografie. Es gibt mehrere Anbieter für Fahrrad- und Bootsverleih. Insgesamt fällt Familienfreundlichkeit auf. Im Ort erhält man gute und preiswerte Zimmer in Privathäusern, Ferienwohnungen und -häusern; das Töpfer-Café „TonArt" ist mein persönlicher Tipp.

SEHENSWÜRDIGKEITEN:

- **Forst- und Jagdmuseum „Ferdinand von Raesfeld"** in der ehem. Oberförsterei, Park, daneben niederdeutsches Hallenhaus
- Kapitänshäuser, Seemannskirche und Dorflinde
- **Restaurant „Zur Mühle"**: Die zur gemütlichen Gaststätte ausgebaute Mühle ist die letzte von drei Mühlen im Ort. Sie hieß „Schmugglermühle", denn als Mecklenburg noch nicht zum deutschen Zollverbund gehörte und Schmuggelware vom mecklenburgischen Ribnitz über den Bodden ins pommersche Wieck transportiert wurde, diente sie als Signalturm. Waren keine Zollposten auf den Bülten, gab der Müller Lichtzeichen. Die Mühle brannte um 1900 ab und wurde 1992 durch den Nachbau ersetzt.

Erlenbruch im Darßwald

AUSFLUGSEMPFEHLUNGEN:

- Touren auf dem **Boddenradweg** nach Ahrenshoop, dabei fährt man an den Flurstücken „Rosenspeck" und „Undegenspeck" entlang - Als **„Speckinge"** oder „Speckunge" bezeichnete man rutschige Morastwege. Um sie befahrbar zu halten, wurden sie ständig mit Reisig belegt. Ebenso aufwendig war die Bewirtschaftung des feuchten Weidelandes. Viele Fluren entlang des Boddens tragen ähnliche alte plattdeutsche Namen.
- Wanderung oder Radtour über Ibenhorst und Drei Eichen nach Ahrenshoop
- Wanderung oder Radtour über den Großen Stern zum Leuchtturm
- Wanderung oder Radtour nach Prerow
- ausgeschilderte Rundwanderung durch den Darßer Wald
- Wanderung oder Radtour über Bliesenrade und Wieck nach Prerow
- Charter- oder Linienfahrten auf dem Bodden, Zeesenbootfahrten

Segler-Tipp: Hafen mit Liegeplätzen für Sportboote

BLIESENRADE

Die kleine und etwas abgelegene Siedlung liegt zwischen Born und Wieck auf einer Halbinsel mit dem sichelförmigen **Nadelhaken** zwischen Koppelstrom und Bodstedter Bodden. Sie ist ein Ortsteil von Wieck und besteht nur aus einigen Ferienhäusern und Gehöften. Teilweise sind die früheren Betriebsheime wegen unklarer Besitzverhältnisse noch ungenutzt. Ein Uferspaziergang zu der Landzunge bietet Impressionen der Boddenlandschaft und dem Ornithologen gute Beobachtungsmöglichkeiten. Als Kontrast zu so viel Natur hatte in den 90er-Jahren ein Witzbold ein blaues U-Bahnschild mit der Aufschrift "Nadelhaken" an die Wand seiner Garage montiert.
Der winzige Ort wurde 1380 erstmals erwähnt, als Pommernherzog Wartislaw VI. das Bliesenrader Torfmoor der Stadt Barth abkaufte. In dem kleinen Ort stand den Matrikelkarten zufolge die erste Windmühle auf dem Darß.

WIECK

Das Dorf bewahrte seinen ländlichen Charakter, die Boddenwiesen waren stets Grundlage ausgedehnter Weidewirtschaft und Tierhaltung. Neben Land- sind Wald- und Forstwirtschaft traditionelle Erwerbszweige. Früher wurde Kiefernharz gesammelt und verarbeitet. Die durch Gülle und Melioration zurückgedrängte ursprüngliche Wiesenvegetation bedurfte der Renaturierung. Ländliche Atmosphäre und Boddenlage verleihen dem Dorf einen eigenen Reiz, so dass es auch seit 1935 Urlauberziel ist. Es wird als Erholungsort geschätzt, weil die Boddenlage beachtliche heilklimatische Effekte bewirkt. Die stille Zurückgezogenheit war auch für die Niederlassung einiger Künstler ausschlaggebend. Hier lebten und arbeiteten Thuro Balzer und der Kirchenmaler Scheffler. Die Malerin Ruth Klatte wurde zu einem Synonym des Ortes, ihr hübsches Haus wird gern besucht.
Man geht von frühgeschichtlicher Besiedlung aus, nachdem 1950 auf dem Mühlenacker Speerspitzen, Messer und Schaber aus Feuerstein und Mikrolithen gefunden wurden. Sie werden der Mittelsteinzeit (10 000 - 3 000 v.u.Z.) zugeordnet; das heißt, dass erste Niederlassungen wahrscheinlich mit Entstehung der Ostseeküste erfolgten. Der niederdeutsche Ortsname bedeutet „Bucht" und bezieht sich auf die Lage am Koppelstrom und kann als sprachgeschichtliches Indiz einer Besiedlung im 12-13. Jh. angesehen werden. Erstmals urkundlich erwähnt wurde Wieck aber erst 1696 in der schwedischen Matrikelkarte; damals lebten hier Bauern, Fischer und Schiffer. 1725 waren 25 Frachtsegler registriert und im 18. und 19. Jh. gingen viele Einwohner auf große Fahrt. Im Ort bauten mehrere Werften Schuten und Barken für kleine Fahrt. Um 1850 soll Wieck die wohlhabendste Schiffersiedlung auf dem Darß gewesen sein. Dafür traf es das Ende der Segelschifffahrt besonders hart, da sich hier im Gegensatz zu anderen Or-

Fischerboot

ten nach der einsetzenden Abwanderung kein Badebetrieb entwickelte. Deshalb verfielen viele Gebäude und nur wenige ➔ Kapitänshäuser blieben erhalten. Dennoch sind schöne geschnitzte Eichentüren an den wenigen erhaltenen Kapitänshäusern eine Spezialität von Wieck.
Der heute 800 Einwohner zählende Ort ist besonders bei Natur-, Angel- und Wassersportfreunden beliebt. Reiten, Kutschfahrten und Fahrradverleih gehören zum Angebot. Am modernisierten Hafen befinden sich ein kleiner Badestrand und ein Wasserwanderstützpunkt. Ein Verein bemüht sich um die Pflege der Zeesenboottradition. Für Surfer und Segler ist Wieck ein Insidertipp, ebenso das „Hotel Haferland".

SEHENSWÜRDIGKEITEN:

- **Nationalpark- und Gästezentrum „Darßer Arche"**, Ausstellungen, Kreativwerkstatt „Künstlerdeck" u.v.a.
- vereinzelte Kapitäns- und Bauernhäuser
- Mühle

AUSFLUGSEMPFEHLUNGEN:

- Wanderung oder Radtour entlang des Boddens in nördlicher Richtung nach Prerow, nach dem Ort Siedlung mit schönen alten Fischerhäusern, dort befand sich beim Fastbültenhaken ein Jagdhaus der Pommernherzöge
- Wanderung oder Radtour entlang des Boddens in südlicher Richtung nach Bliesenrade, Born und Ahrenshoop
- Wanderung oder Radtour zu Weststrand, Esper Ort, Darßer Ort
- Charter- oder Linienfahrten auf dem Bodden

  Segler-Tipp: Anlege- u. Liegeplätze, Service, Bootsverleih, Zeesenbootfahrten

OSTSEEBAD PREROW

Das Ostseebad ist wegen seines besonders feinkörnig weißen Sandes am Nordstrand und wegen seiner Waldlage einer der beliebtesten Erholungsorte und seit jeher Ziel von FKK-Anhängern. Der große Zeltplatz gehört deshalb zu den Magneten der Region. Der Ort ist nicht zusammenhängend gewachsen, sondern als

Kapitänshaus in Prerow - Sitz der Kurverwaltung

Prerower Kirche

Streusiedlung einzelner Häuser und Gehöfte auf alten, in Ost-West-Richtung verlaufenden Dünenzügen, den Reffen, entstanden. Noch heute liegen sumpfige Wiesenniederungen, die Riegen, dazwischen. Dadurch folgen die Straßen den früheren Dünen und verbinden die Teile des langgezogenen Ortes. Altarme des Prerowstroms und der Dünenwald liegen zwischen Ort und Strand. Die Trennung ist reizvoll, und man schlendert gern durch die parkähnlichen Straßen und Wege.
Das Ostseebad ist slawischen Ursprungs; sein Name bedeutet „Graben" oder „Durchbruch", womit der Prerowstrom gemeint ist. An dessen östlichen Ufer errichteten Zisterziensermönche in der Nähe des Hafens nach 1296 die erste Kirche. Prerow war ein bedeutender Fischer- und Segelschifffahrtsort. Das Einkommen der zuvor ärmlich lebenden Bevölkerung stieg und mancher konnte sich aus Leibeigenschaft freikaufen. Der Hafen wurde 1874 angelegt, nachdem die Sturmflut zwei Jahre zuvor den Prerowstrom als Seezugang verschloss. Früher stand hier eine Holzbrücke, davor verkehrte eine Fähre zwischen Darß und Zingst. Der am Strom gelegene Ortsteil **Krabbenort** war Niederlassung der Krabbenfischer, die an der Strommündung Garnelen als Köder zum Fischen fingen. Nach der Sturmflut wurde hier bei der Beseitigung der Flutschäden der → Prerower Münzschatz geborgen.
Die westlich Prerows gelegenen Altarme des Prerowstroms sind heute stille Waldseen, während das südliche Reststück sich durch die Boddenwiesen schlängelt und für die Boddenschifffahrt genutzt wird.

*Der **Prerowstrom** (s.o.) war die natürliche Grenze zwischen Darß und Zingst, er diente als Seezufahrt von und nach Barth. Die → Hertesburg kontrollierte die mittelalterliche Wasserstraße. Die 1872 von der → Sturmflut* *verschlossene Mündung des Stroms wurde zwei Jahre später vollständig zugeschüttet und die den Ort weiträumig umgebenden Deiche angelegt.*

Auch Prerow hat eine lange **Künstlertradition:** Bekannte Landschaftsmaler lebten hier. Beispielsweise Theodor Schulze-Jasmer. Paul Flickel (1852-1903) verlieh den „Maler-Buchen" mit seinem in der Berliner Nationalgalerie hängenden Gemälde „Buchenwald bei Prerow" Weltruhm. Erich Heckel von der Künstlervereinigung „Die Brücke" malte Prerower Landschaft. Alexey von Jawlensky, der unter Stalin verfemte Repinschüler, schrieb 1937 über den hier gemeinsam mit Heckel verbrachten Sommer 1911: „Dieser Sommer bedeutete für mich eine große Entwicklung... Ich malte dort meine bisher besten Landschaften... in starken glühenden Farben, absolut nicht naturalistisch und stofflich. Ich habe sehr viel Rot genommen, Blau, Orange, Kadmiumgelb, Chromoxydgrün. Die Formen waren sehr stark konturiert mit Preußischblau und gewaltig aus... innerer Ekstase heraus". Langsam verändert sich das Ortsbild; „Teeschale" und „kiek in" wurden zu guten Adressen für Gäste und Einwohner. Die 1993 wieder errichtete und 395 m lange Seebrücke sowie die neu gestaltete Promenade mit der Ladenstraße werteten den Strandzugang auf und gaben dem Ort das Flair eines Seebades zurück. Seebrückenfest und Tonnenabschlagen sind Höhepunkte jeder Saison. Prerow hat ein großes und gutes Angebot an Hotel-, Pensions- und Privatzimmern sowie Ferienwohnungen und -häusern. Besonders empfohlen wird das Hotel „Haus Linden". Der Zeltplatz am Nordstrand wurde nach neuestem Standard modernisiert.

Grabsteine an der Seemannskirche in Prerow

SEHENSWÜRDIGKEITEN:

- Die **Seemannskirche** wurde 1726-28 anstelle eines Vorgängerbaus errichtet; sie ist die älteste auf dem Darß. Das Gotteshaus mit dem etwas eigenwillig proportionierten und teergestrichenen Holzturm wird zu Konzerten genutzt. Kunsthistorisch wertvoll sind der Barockaltar mit Kanzel, die Taufkapelle und die geschnitzten Schiffsmodelle. Interessant sind die an den Außenwänden aufgestellten Grabsteine mit Namen, Motiven und Episoden der Seefahrtsgeschichte. In dem parkähnlichen Friedhof stehen stattliche Eiben. Die älteste ist ca. 230 Jahre alt.

- Das **Darß-Museum** wurde 1953 gegründet. Es dokumentiert die Geschichte der Seefahrt mit zum Teil ungewöhnlichen Exponaten, z.B. den → Münzschatz von 1873. Hauptaugenmerk gilt traditioneller Lebensweise auf dem Darß. Im Innenhof Exposition schön bemalter oder geschnitzter Türen.
- Die → Hohe Düne am Ortsausgang nach Zingst
- Teerestaurant u. -laden "Teeschale" und Kulturkaten „kiek in"

AUSFLUGSEMPFEHLUNGEN:

- Wanderungen oder Radtouren auf den Darß: Nordstrand, Darßer Ort, Altes Meeresufer und Weststrand
- Radtouren durch die Boddenwiesen nach Wieck und weiter nach Bliesenrade, Born, Ahrenshoop
- Wanderung zur → Hertesburg und zum → Freesenbruch bei Zingst
- Radtour nach Zingst
- Radtour über Zingst zur Sundischen Wiese mit Pramort und Hoher Düne
- Boddenrundfahrten

Segler-Tipp: Anlege- u. Liegeplätze

Am östlichen Ortsausgang von Prerow Richtung Zingst steht der ehemalige Prerower **Bahnhof**. Er war Endstation der 1910 eingeweihten und nach dem Zweiten Weltkrieg demontierten → Darßbahn. Schräg gegenüber, direkt neben Radweg und Straße, befindet sich die Prerower **Hohe Düne**.

*Die **Hohe Düne** entstand am Ende einer Landzunge als so genanntes Seegatt durch Anspülung und Anwehung, weil dort vermutlich früher der Prerowstrom verlief. Die Aussichtsplattform auf der 14 m hohen Erhebung bietet einen schönen Rundblick über die Prerower Bucht bis Darßer Ort und über die weiten Wiesen am Prerowstrom bis zum Bodden.*

DER ZINGST

Der Name entstand aus dem slawischen Wort „seno“ (Heuland, Heuwiese oder Heuort). Er und Funde lassen frühe Besiedlung vermuten, belegt ist sie aber erst seit 1296. Damals kaufte der Zisterzienserorden die Insel mit Ausnahme der Sundischen Wiese zur Versorgung seiner neuen Hiddenseer Abtei, nachdem ihm → Wizlaw II. die Insel Hiddensee überlassen hatte. Die in Landerschließung erfahrenen Mönche begannen sofort mit der Urbarmachung, noch im 13. Jh. rodeten und meliorierten sie mit Laienbrüdern den Zingst und errichteten Vorwerke. Für die sich daraufhin niederlassenden Siedler entstand die Kirche am Prerowstrom. 1441 verkauften sie die Insel an Pommernherzog Barnimir VIII. Nach dem Dreißigjährigen Krieg wurde sie schwedisch, bis sie 1815 an Preußen fiel.

ZIELE UND TEILGEBIETE AUF DEM ZINGST

Die **Hertesburg** ist vom Strandparkplatz aus erreichbar. Am Prerowstrom befindet sich an der Stelle der ehemaligen Burg eine ansprechende Herberge. Daneben steht zwischen Bäumen eine Holzkapelle auf einem Ringwall.

> ***Hertesburg:*** *Der mittelhochdeutsche Name bedeutet „Hirschburg“. Auf den Resten eines slawischen Ringwalls entstand um 1300 eine Burg, die als Zoll- und Jagdhaus der Rügener Herrschaft diente und den Prerowstrom als Barther Seezufahrt überwachte. Sie wurde während der Rügenschen Erbfolgekriege beschädigt und im Dreißigjährigen Krieg verwüstet. Der Sage nach diente sie Störtebeker und seinen Vitalienbrüdern als Unterschlupf, die vom Erlös ihrer Kaperfahrten Lebensmittel kauften und damit von hier aus die Bevölkerung der belagerten Städte versorgten. Die Kapelle wurde in den 20er-Jahren von einer Sekte errichtet und wird heute als Café genutzt.*

Der **Freesenbruch** liegt westlich des Ortes Zingst an der 1977 gebauten Umgehungsstraße. Durch das moorige, auf Schwemmland entstandene Waldgebiet führt der Fischersteig zum Prerowstrom. Es ist von zahlreichen Vogelarten bevölkert und vorwiegend von Siebenstern, Adlerfarn, Erle und Schwarzpappel bewachsen. Im Uferschilf, auf dem Strom und in den nicht ungefährlichen Moorwiesen am Bodden kann man Kormorane, Reiher und Schwäne beobachten. Im Bodden ist die Insel **Schmidtbülten** vorgelagert.
Die **Inseln Großer Kirr** und **Barther Oie** liegen südlich von Zingst im Bodden. Sie gehören zum Nationalpark und verkörpern besonders sensible Natur.

> ***Großer Kirr:*** *Naturbelassene Salzgrasinsel mit vielen Tümpeln, den Prielen. Sie wird wegen ihrer Höhe von nur 0,75 m über N.N. mindestens*

zweimal pro Jahr überflutet. Wie auf Halligen stehen die wenigen Gebäude auf Erdaufschüttungen.

Die ***Barther Oie*** *zeigt ein ähnliches Bild und ist als Vogelschutzinsel unzugänglich. Hier befindet sich eine Beobachtungswarte. Die fast 90 ha große Inselgruppe wird seit Jahrhunderten zur Viehhaltung genutzt. Dank regelmäßiger Beweidung blieben die wertvollen Salzgraswiesen erhalten, ohne sie würden die Inseln verschilfen. Die Inseln werden von ehrenamtlichen Vogelschutzwarten betreut, denn sie sind eines der artenreichsten Vogelschutzgebiete der Ostseeküste. Einige Vogelarten treten nur noch hier in größerer Anzahl auf. Die Artenvielfalt wird beim Vogelzug noch durch Tausende Graugänse und Kraniche belebt.*

Die Wasserfläche zwischen Zingst und den beiden Inseln wird **Zingster Strom** genannt. Er ist die Zufahrtswasserstraße zu dem Ostseebad.

Der **Osterwald** liegt östlich von Zingst hinter der → Zingster Heide, der → Alten Straminke und den Ortsteilen Zingst-Ost und → Müggenburg. Früher nannte man ihn auch „Forst Straminke“. Die Vegetation tritt ähnlich wie auf dem Darß auf, weil auch seine Oberfläche wie ein Waschbrett von sandigen Reffen und sumpfigen → Riegen durchzogen ist. Das ist weniger am Höhenunterschied, als viel mehr an verschiedenem Bewuchs erkennbar. In den Senken dominieren feuchte Erlenbrüche, auf den Sandrücken Stieleiche und Buche. Außerdem sind Salomonsiegel, Siebenstern, Königs- und Adlerfarn, Wasserschwertlilien, Salweide und Pfaffenhütchen anzutreffen. Die unter Naturschutz stehende majestätische **Jägerbuche** bei Müggenburg trägt ihren Namen wegen ihrer geweihähnlichen Krone. In dem Wald befinden sich mehrere Torfmoore, sie wurden noch um 1835 abgebaut. Vom früheren Großen Torfmoor sind noch das **Brandmoor** und das **Müggenburger Torfmoor** erhalten. Die Aufwölbung des Hochmoores ist noch erkennbar, das Vorkommen von Wollgras geht darauf zurück.

Typisch für die Halbinselkette sind die urwüchsigen Wäldert

ACHTUNG! Gefährliche Sumpfgebiete, keine Wege verlassen!

Auf der **Kavaliersschneise** gelangen Radfahrer und Fußgänger zum Hotel Schlösschen und von dort weiter bis Pramort. Die Sundische Wiese erstreckt sich im Osten des Zingst über 10 km om Osterwald bis Pramort.

Die weitläufige ***Sundische Wiese*** *war Salzwiesenland, den Charakter verlor sie mit der Eindeichung nach der Sturmflut 1872. Sie dient seit dem Mittelalter als Weideland und gehörte zunächst zu Stralsund, darauf geht ihr Name zurück. In der Literatur werden Grenzsteine erwähnt, womit die Stadt ihr Territorium gegenüber dem Besitz der Zisterzienser und dem der Stadt Barth kennzeichnete. Am Salzhaken und am Dreiländereck blieben solche Steine erhalten. Sie zeigen den Stralsunder Strahl bzw. die Hellebarde als Barther Wappensymbol. Im Osterwald erinnern das Dreiländereck und der von großen Steinen gesäumte Grenzgraben an die Dreiteilung.*
Die ausgedehnten und von Flachwasser umgebenen Wiesen am Bodden sind ein wertvolles Biotop und als ***Kranichschlafplatz*** *ein international bekanntes Vogelschutzgebiet. Für Mitteleuropa einmalig, halten sich dort jeweils im Herbst bis zu 40000 Kraniche auf. Zur Balzzeit ist das Wiesenland vom Trompetenschrei der Vögel erfüllt und besonders eindrucksvoll ist es, sie im Morgendunst tanzen zu sehen. Mit ihnen bevölkern Tausende Gänse, Enten und andere Zugvögel das Schutzgebiet. In dem Wiesenland verursachten Gülle und Melioration ökologische Schäden, indem Bodenstruktur und -qualität beeinträchtigt sowie Pflanzenarten zurückgedrängt wurden, so dass Renaturierung notwendig war.*

Rast am Schlösschen Sundische Wiese

Autofahrer benutzen von Müggenburg die südlich am Bodden entlangführende Straße.

Müggenburg

Die kleine Wohnsiedlung am Bodden geht auf eine frühere Ansiedlung bei einem Vorwerk aus dem 17. Jh. zurück, das einem Mugge gehörte. Die Waldferiensiedlung wurde in den 60er-Jahren ausgebaut.

Am **Kleinen Wieck** hat man von der Straße einen schönen Blick über den Bodden nach Barth. Die Bucht dient dem Fischfang und wird im Westen vom Salzhaken und im Osten vom Triangel begrenzt. Am **Hotel Schlösschen** an der Sundischen Wiese befinden sich ein Parkplatz, Fahrradverleihe und das Informationszentrum des Nationalparks.

*Das **Hotel Schlösschen** entstand aus einem Vorwerk mit einem Herrschaftshaus, das bereits in wilhelminischer Zeit als Jagdhaus genutzt wurde.*

ACHTUNG:
- Kfz müssen am Parkplatz abgestellt werden. Dort kann man ein Fahrrad mieten, denn den Schlagbaum am Informationszentrum dürfen nur Fußgänger und Radfahrer passieren!
- Das Informationszentrum des Nationalparks bietet geführte Wanderungen an.
- Zum Schutz des Kranichschlafplatzes Sept./Okt. nur eingeschränkte Besucherzahl möglich

Der Schlagbaum am Informationszentrum begrenzt die Kernzone des Nationalparks. Von dort führt die für öffentlichen Kraftverkehr gesperrte Straße bis nach Pramort. Rechts von ihr dehnt sich die Sundische Wiese, links zieht sich Heideland bis zu den Dünen.

*Die **Heide** nördlich der Straße diente 1937-89 militärischen Zwecken. Vor dem Zweiten Weltkrieg war die Sundische Wiese mit für das → „Reichsnaturschutzgebiet Darß" vorgesehen. Zu Kriegsbeginn wurden hier jedoch auf Befehl Görings für die Luftwaffe ein Schießplatz, eine Flak-Ausbildungsschule und ein Bombenzielabwurfgelände mit der Nachbildung eines feindlichen Kreuzers eingerichtet. Die Gebäude und Anlagen wurden nach dem Krieg gesprengt und ihre Trümmer teilweise als Baumaterial für das → Kurhaus in Zingst verwendet. Der Schießplatz wurde noch von Raketen, Artillerie und Motschützen der NVA bis 1989 genutzt. Das Gelände wurde teilweise durch die lange Sperrung zum Biotop. Wegen zahlreicher Munitionsreste ist es ein ausgewiesenes Renaturierungsgebiet und bis zur vollständigen Altlastbeseitigung durch die Bundeswehr noch gesperrt.*
ACHTUNG: Betreten des stark kontaminierten Gebietes verboten!

Endpunkt der endlos scheinenden Betonstraße ist Pramort. Der Aussichtspunkt ist der für Wanderer oder Radfahrer äußerste erreichbare Punkt im Osten des Zingst. Die vorgelagerten Wiesen, Lagunen und Sandbänke und Großes Werder sind Anlandungsgebiete und werden teilweise als Weide genutzt; als Vogelschutzgebiete dürfen sie nicht betreten werden.

***Pramort** war mehrfach besiedelt. Ab 13. Jh. werden in Urkunden Gehöfte von Fischern, Flur- und Wildhütern zum Schutz des von Kloster Hiddensee und der Stadt Stralsund genutzten Weidelandes sowie herzogliche Jagdhäuser erwähnt. 1660 wurde das Dorf Pramort auf Betreiben der schwedischen Administration für Fischer und Weidebauern errichtet, es fiel jedoch den häufigen Hochwasserfluten zum Opfer und gilt seit 1800 als Wüstung.*

Vom Aussichtspunkt ist der Blick frei. Deutlich sieht man den Hiddenseer Dornbusch. Das schmale Boddengewässer zwischen Pramort und → Kinnbackenhagen wird die **Au** genannt. Die Inseln **Werder** und **Bock** sind dem Zingst östlich vorgelagerte Anlandungsflächen. Die permanente Sandablagerung setzt sich nach Osten bzw. Nordosten fort. Hier ist wie bei Darßer Ort die fortwährende Veränderung auch für Laien sichtbar.

***Kleiner und Großer Werder** dienen als Weideland. Der 1600 ha große **Bock** ist bewaldet und wird nicht mehr bewirtschaftet. Er ist nur durch den Gellenstrom vom Gellen getrennt und würde bald mit Hiddensee zusammenwachsen, wenn die schmale Fahrrinne nicht ständig freigebaggert würde. Die Wattinseln und das sich nördlich vor ihnen aufbauende Windwatt sind bevorzugte Brut- und Schlafplätze zahlreicher Gänse-, Enten- und Watvogelarten. Tausende Zugvögel rasten jährlich auf den Feldern am südlichen Boddenufer und fliegen abends zu Werder und Bock, die wie die Sundische Wiese Kranichschlafplatz sind.*

Hinweise:

- Die Schiffsroute Zingst-Hiddensee führt an der Schutzzone entlang, dabei ist der Zusammenhang von Zingst und Hiddensee gut zu erkennen.
- Zur Beobachtung oder zum Fotografieren der Vogelschutzgebiete und des Vogelzuges bietet sich auch das Ufer bei → Barhöft auf dem Festland als geeigneter Standpunkt an.

Kurz vor dem Aussichtspunkt Pramort führt der Deichweg etwa 2,5 km nordwestlich zur **Hohen Düne**. Sie ist wegen der Aussicht und der schönen Heide ein besonders lohnendes Ziel.

*Die **Hohe Düne** entstand als Seegatt durch Anspülung und Anwehung und war lange die Ostspitze der früheren Insel Zingst. Auch hier entsteht Heide als ursprüngliche und spezifische Vegetation in der Folge des Anlandungsprozesses. 6 - 8 m hohe Wachholdersträucher, vereinzelte Fichten, Eiben und Douglasien ergeben zwischen üppigem Heidekraut und Grasbüscheln ein malerisches Bild. Interessant ist dazu die Erläuterungstafel.*

Am Ende des Bohlensteges befinden sich eine Aussichtsplattform und ein Fahrradparkplatz, von dort sind es nur wenige Meter bis zur zweiten Plattform auf der Düne. Dort bläst meistens ein scharfer Wind, doch das Bild violett und braun schimmernder Heide vor der türkisfarbenen und mit Schaumkronen geschmückten See mit dem dunkelgrünen Rücken des Hiddenseer Dornbuschs im Hintergrund begeistert bei jeder Witterung. Vor Hiddensee, dem „Söten Länneken", erkennt man den Gellen. Er ist einer der sensibelsten Bereiche im Nationalpark und ebenfalls ein unzugängliches Vogelschutzgebiet. Landeinwärts, Richtung Zingst, liegen hinter den Dünen die Niederungen Dühnenrehmel, Langer und Binsen Rehmel. Daran schließt sich das Renaturierungsgebiet des ehemaligen Schießplatzes an.

ACHTUNG: Betreten des stark kontaminierten Gebietes verboten!

SEEHEILBAD ZINGST

Das Seeheilbad ist der einwohnerreichste und größte Ort der Halbinsel. Man erreicht ihn über die → Meiningenbrücke oder auf der Bäderstraße über Fischland und Darß. Zingsts größter Schatz ist der 15 km lange weiße und völlig steinfreie Sandstrand.
Obwohl der Ort wahrscheinlich auf eine slawische Ansiedlung zurückgeht und der Ortsname auch schon früher gebräuchlich war, wurde er erst 1819 bei der Zusammenlegung des Rittergutes mit den Dörfern Palen (slaw. „palic" - brennen, vermutlich Abbrennen von Buschland) und Hanshagen festgeschrieben. In der schwedischen Matrikelkarte von 1696 wird nur das Rote Haus erwähnt. Das fürstliche Gestüt und Sitz des Vogtes gehörte zum ältesten Siedlungskern. Die Flurnamen „Paler-End" und „Häger-End" blieben erhalten. 1697 bezeichneten sich die Einwohner in einem Begehren an die schwedische Administration „als saemptliche Zingster Unterthanen"; d.h. schon damals war der einheitliche Name üblich. Zingst entstand an einem Sturmflutriss auf alten Dünenzügen; Reffe und Riegen verlaufen hier in Nord-Süd-Richtung quer zum heutigen Strand.
Die schwedische Matrikelkarte berichtet von betriebsamen Schiffern, die mit ihren bis zu 6 t Last fassenden kleinen Schuten „auf salziger See" fuhren. Aus den Anfängen entwickelte sich beachtliche Seefahrt, und Zingst wurde größter Werft- und Seefahrerwohnort. An einigen → Kapitänshäusern findet man sehr schöne Malereien. Das Ende der Segelschifffahrt beeinflusste auch die Ent-

Heimatmuseum in Zingst

wicklung von Zingst. In wenigen Jahren wanderten über 400 arbeitsfähige Einwohner ab. Erst mit Entstehen des Badebetriebes änderte sich die Lage wieder. Zingst blickt auf die längste Badetradition der Halbinselkette zurück: Um 1858, also vor rund 150 Jahren, mieteten sich erstmals Gäste in besser ausgestatteten Häusern begüterter Kapitäne ein. Zum Baden zog man sich am Strand in Zelten um. Zur Reinhaltung der Luft durften Dampfer wegen ihres „stinkenden Dampfes" nicht am Hafen festmachen, sondern mussten die Passagiere ausbooten. 1876 konstituierte sich ein Verschönerungsverein zur Ausgestaltung des Ortes. 1881 gründeten Kapitän Nehmzow und der Navigationslehrer Mehl, zwei Zingster Einwohner, ein Bade-Comité und luden Gäste zum Badeurlaub ein; das Jahr gilt als Beginn des Fremdenverkehrs. Damals standen dafür eine Badeanstalt, vier Gasthöfe und auch schon Privatzimmer zur Verfügung. 1899 wurde das Seewarmbad eröffnet (1977 rekonstruiert). Die anfänglich handgetriebene Pumpenanlage zur Einleitung des Seewassers war seinerzeit eine technische Großtat. Die Anreise erfolgte mit dem Dampfer von Stralsund, er benötigte 4 Stunden für die Fahrt. Aus dem Bade-Comité entwickelte sich ein gemeinnütziger und gewinnbringender Aktienverein. Beispielsweise ließ er am Strand umzäunte Bäder für Damen und Herren anlegen, züchtig 1 200 m voneinander getrennt. Er erließ auch eine strenge Badeordnung. Nach dem Badereglement von 1905 war die Badesaison auf 15.6.-30.9. festgelegt, die tägliche Badezeit von 6-12 und 15-18 Uhr, für Dienstboten angereister Herrschaften 18-19 Uhr. 1913 bezahlte man 4,- Mark Kurtaxe, für ein kaltes Seebad 0,25 und für ein warmes 1,-, für Badebedienung mit Begleitung zum Wasser und anschließendem Abreiben 0,35 und als wöchentliche Unterkunftsmiete je nach Komfort zwischen 8,- und 45,- Mark. Vollverpflegung kostete 3,-5,- und ein Mittagessen 1,25 Mark. Das war für die Kaiserzeit durchaus nicht billig; deshalb bildeten wohlhabende Großstädter den Hauptanteil der Gäste, und die Gegend mit den damals neu entstandenen Villen wurde als „Berliner Viertel" bezeichnet.

Die nach dem Vorbild von Chorin erbaute Zingster Kirche

Die Sturmfluten von 1872 und 1874 richteten große Schäden in dem Ort an und veränderten durch die Vernichtung ganzer Häuserzeilen auch sein Bild. In der Strandstraße kann man noch Flutmarken der Katastrophen entdecken. Aus der Zeit stammt der Ausspruch „Behäud uns Gott vör't grote Water".

Naturverträglicher Wanderweg Hohe Düne - Zingst

Die Inbetriebnahme der → Darßbahn verlieh dem Fremdenverkehr großen Auftrieb, deshalb gab es nach dem Ersten Weltkrieg in Zingst mehrere Bemühungen zum weiteren Ausbau als Kurort. Beispielsweise erwog man, an der Sundischen Wiese ein zweites Seebad einzurichten. In der Nazizeit bestimmte der KdF-Massentourismus die Entwicklung. Nach 1945 lief der Badebetrieb wegen der fehlenden Bahnverbindung und der Lebensmittelrationierung nur schwer an. Später dominierte der FDGB-Feriendienst und in den letzten DDR-Jahren wurden wie vielerorts unschöne Hotel-Plattenbauten in die Landschaft gesetzt. 1959 erfolgte die Eingemeindung der Siedlungen Müggenburg, Sundische Wiese und Pramort.
1957 nahm das Maritime Observatorium der Universität Leipzig seine Arbeit in Zingst auf. Später kam eine Station der Rostocker Universität zur biologischen Langzeitbeobachtung und eine meteorologische Station für atmosphärische Sondenmessungen hinzu. Seit 1991 arbeitet eine Messstelle des Bundesumweltamtes in Zingst.
In Zingst befand sich die Direktion des die gesamte Halbinsel bewirtschaftenden Volksgutes und in der Umgebung arbeiteten mehrere großdimensionierte und industriemäßige Landwirtschaftsanlagen.
Die Ortsmitte und die östlichen Ortsteile werden von der kleinen Zingster Heide und der feuchten Wiesenniederung „Alte Straminke" getrennt.

Zingster Heide: *3 ha große Heide- und Moorniederung an der Straße vor der Alten Straminke, in dem Flächennaturdenkmal wachsen Kiefern, Wacholder und Ilex sowie Farne und Heidekraut. An den Moorlöchern sind Wollgras und fleischfressender Sonnentau angesiedelt. Außerdem leben hier Frösche, Molche, Eidechsen und Nattern, mitunter auch Reiher und Kraniche.*
Alte Straminke: *Der Name ist slawisch und heißt „Bächlein". Sie ist eine*

feuchte Wiesenniederung mit einem alten Wasserlauf. Er war bis zur Eindeichung ebenfalls ein zum Meer offener Wasserarm und entstand 1625 als Sturmflutriss. Dabei wurde die frühere Siedlung Straminke vernichtet. Die Niederung ist wegen seltener Pflanzen ein Naturdenkmal.

Östlich der beiden NSG liegt der Ortsteil **Pussik** oder Zingst-Ost. Dort befand sich die Siedlung Straminke. Auch das später errichtete Forsthaus fiel 1872 den Fluten zum Opfer.
Das Ostseebad blickt ebenfalls auf eine lange Künstlertradion zurück.

Maler- und Künstlertradition: *In Zingst lebten Reinhold Hohberg, Franz Pflugradt, Otto Lämmerhirt, Max Hünten und Willy Knull, fast alle um 1900 aus der Berliner Kunstakademie hervorgegangene Landschaftsmaler. Sie zogen andere Künstler nach, daraus entstand 1919 u.a. die Dramatische Vereinigung. Das Saisonensemble bot Konzerte und Theateraufführungen in Barth und Zingst.*
Die Heimatdichterin Martha Müller-Grählert (1876-1939), Textdichterin des Liedes „Wo die Ostseewellen trecken an den Strand..." verlebte in Zingst ihre Jugend. Die in Barth → geborene Journalistin war lange in Berlin beim Deutschen Familienblatt tätig. Sie folgte ihrem Mann zur Professur nach Sapporo, nach dem Ersten Weltkrieg schlug sie sich krank mit gelegentlichen Arbeiten und Vorträgen in Plattdeutsch durch. Sie blieb dem Ostseebad verbunden und wurde auch hier bestattet.
Der Maler und Grafiker Kurt Klamann (1907-1987) wurde mit seinen Aktskizzen in der DDR-Satirezeitschrift „Eulenspiegel" zu einer Kultfigur der 60er- und 70er-Jahre. „Kuddel" Klamann engagierte sich für die Wiederbelebung des kriegsgeschädigten Ortes und leitete den Bau des Kurhauses. Das Baumaterial dafür ließ er aus den Resten des Luftwaffengeländes an der Sundischen Wiese zusammentragen. Dem Zeitgeist folgend und den damaligen Bedingungen entsprechend, wurde das Kurhaus 1948 im Stil der Zeit eröffnet und war für Jahrzehnte Mittelpunkt des Ortes. Sein Sohn gestaltete im ehemaligen Wohn- und Atelierhaus, einem schönen Kapitänshaus in der Neuen Reihe 6, eine Ausstellung.

Seemannsgrab

1990 verstarb der als naiver Laienmaler hochgeschätzte Werner Wohlert. Karl-Heinz Kluge lernte Zingst als Soldat kennen und ließ sich 1947 hier nieder. Er war Kunstpädagoge und ist als Aquarelllist sensibler Landschaftssujets bekannt. Im Sommerhalbjahr lädt Kluge mitunter zu Atelierbesuchen ein.

Zingst bietet eine große Auswahl an Hotel-, Pensions- und Privatzimmern sowie Ferienwohnungen und -häusern in allen Kategorien. Naturfreunde bevorzugen die Waldferiensiedlung Müggenburg. Empfohlen werden die Hotels „Zur Seebrücke", „Markus", „Esprix", „Am Hafen", „Am Strand" und „Schlösschen". Große Erwartungen setzt der Ort in luxuriöse und in preiswerte Ferienappartements sowie in die beiden Reha-Kliniken. Für weniger Anspruchsvolle stehen ebenfalls mehrere gute Häuser zur Verfügung. Bei der Jugend ist die Latino-Bar „Kontiki" wegen ihrer Cocktails und der auftretenden Künstler beliebt.
Klamanns Kurhaus wurde wieder restauriert, doch der ehemalige Bahnhof zerbröselt noch im Nachwendeschlaf. Insgesamt erfreut Zingst den Besucher mit neuen Hotels und Gaststätten, ordentlicher Beleuchtung, modernisiertem Hafen und Zeltplatz, besonders aber mit seinem nach einheitlichem Konzept neu gestalteten Ortsbild und der neuen Seebrücke. Die allgemein zum Positiven veränderte Gastronomie und ein respektables Kulturangebot runden die Palette ab.

SEHENSWÜRDIGKEITEN:

- Das **Heimatmuseum** entstand aus der Heimatstube und wurde 1987 in einem der schönsten Kapitänshäuser, dem denkmalgeschützten Haus Morgensonne, eröffnet, es zeigt die Geschichte von Badewesen und Segelschifffahrt sowie die Lebensweise in der Epoche.
- Kapitänshäuser
- **Friedhof** mit turmloser neogotischer **Kirche**, 1862 von Friedrich August Stüler, einem Schüler Schinkels, nach dem Vorbild des Westgiebels von Kloster Chorin erbaut, beachtenswert ist das frei stehende Glockengestühl, das an ein Schiffsunglück erinnernde Seemannsgrab von 1912, die interessanten Inschriften auf Grabsteinen und -kreuzen sowie prächtige alte Eiben. Auf dem ehemaligen Seemannsfriedhof ruht auch → Martha Müller-Grählert.

AUSFLUGSEMPFEHLUNGEN:

- Wanderungen oder Radtouren nach Prerow, auf den Darß
- Wanderungen in den Freesenbruch und zur Hertesburg
- Wanderungen in den Osterwald, zur Jägerbuche und zum Hotel Schlösschen
- Radtouren zur Sundischen Wiese bis Pramort und zur Hohen Düne
- Boddenrundfahrten und Linienverbindungen nach Hiddensee und Stralsund

Segler-Tipp: mehrere Anlege- u. Liegemöglichkeiten, Service, Charter

DIE SÜDLICHE BODDENLANDSCHAFT

Die Beschreibung der Orte und Teilgebiete am Südufer der Boddengewässer und deren Umland erfolgt ebenfalls von West nach Ost.

RIBNITZ-DAMGARTEN

Die Doppelstadt mit 18000 Einwohnern wird als „Tor zum Fischland" bezeichnet. Sie entstand 1950 durch die Vereinigung von Ribnitz und Damgarten und wurde 1952 zur Kreisstadt erhoben. Beide Städte entstanden um 1230 nach der Niederwerfung der Obotriten als größere Grenzbefestigungen anstelle zerstörter slawischer Orte. Auch wenn Damgarten meist im Schatten von Ribnitz lag, sind die beiden durch die Recknitz getrennten Städte nahezu gleich alt. Der Fluss mündet hier in den Saaler Bodden. Er war die Grenze zwischen Mecklenburg und Pommern. Deshalb nannte man die Brücke „Pass" wegen des früher dort stehenden Zollhauses. Um „de hohe brügg" gab es mehrmals Auseinandersetzungen. Noch heute legen die Bewohner beider Stadtteile Wert auf ihre Herkunft, die für die pommersche Seite bis 1815 auch schwedische Zugehörigkeit bedeutete.

Ribnitz wird in mittelalterlichen Quellen „Ribenis" genannt; der Name geht auf das slawische Wort „ryba" (Fisch) zurück und bedeutet „Fischort". Das Stadtwappen enthielt früher außer dem Stierkopf auch einen Fisch. Im Schutz der als mecklenburgischer Fürstenhof dienenden Ribnitzer Burg am Handelsweg nach Stralsund, Greifswald und Stettin entstand bald die Stadt als Marktflecken. Die Verleihung des Stadtrechtes ergibt sich aus verschiedenen Dokumenten. Das genaue Datum ist nicht bekannt, doch werden 1210 der Ort und 1233 bereits Ribnitzer Ratsherren erwähnt. Die Stadt wurde aus strategischen Gründen festungsartig ausgebaut. Von der starken und bereits 1290 erstmals erwähnten Stadtmauer mit fünf Toren, doppelten Gräben und Wällen blieb das Rostocker Tor erhalten. 1323 wurde im Fürstenhof das **Kloster St. Claren** gegründet. Das Kloster nahm auf die Entwicklung der Region sehr großen Einfluss. Hintergrund für den oft als Stiftung Heinrichs des Löwen dargestellten Akt war, dass der Welfenfürst dem Orden der Clarissinnen zuvor Schaden zugefügt hatte und deshalb mit Bann belegt und zur Pfändung seines Ribnitzer Besitzes gezwungen wurde.
Die Besitzergreifung von Hof und den bis zum Fischland reichenden Ländereien durch den Orden beschränkte die Rechte des Rates, deshalb widersetzte er sich hartnäckig dem Besitzanspruch des Klosters auf städtische Anlagen und Ausweitung des Stadtrechts auf das Kloster. Nachdem das Kloster 1599 säkularisiert wurde, diente es als evangelisches Damenstift für wohlhabende Gutstöchter.

Damgarten wurde 1225 erstmals als „damechor" bzw. „damegor" genannt, auch der Name ist slawischen Ursprungs und bedeutet „Eichenberg". 1258 verlieh Jaromar II. von Rügen der pommerschen Stadt das Stadtrecht und ließ zur Verteidigung den Jaromarsturm errichten. Er soll an der Recknitz gestanden haben. Ansonsten besaß Damgarten nur leichte Befestigungen, die nicht erhalten blieben. Beide Städte wurden mehrfach durch Kriege und Brände zerstört und von der Pest heimgesucht. Besonders große Verluste brachte der Dreißigjährige Krieg, als Schwedenkönig Gustav Adolf 1630 die Städte einnahm. Im Schwedisch-Brandenburgischen Krieg erstürmten die Schweden 1678 das von Brandenburgs Großem Kurfürsten besetzte Ribnitz, worauf der im Gegenzug Damgarten zerstörte. Beide Städte fanden danach nicht wieder zur wirtschaftlichen Blüte und blieben kleine Ackerbürger- und Handwerkerstädte. Der Markt und die alte Handelsstraße begünstigten Ribnitz etwas. Aufschwung brachte erst im 18. Jh. die Seefahrt, als in Ribnitz und in Damgarten Werften betrieben wurden. Aus der Zeit stammen Rathaus und Hafen von Ribnitz. Mit Ende der Segelschifffahrt gingen die Werften ein. Die schweren Zerstörungen durch die Sturmflut von 1872 taten ihr Übriges. Einziger Wirtschaftsfaktor blieb eine Glashütte in Damgarten, doch auch sie wurde 1913 stillgelegt. 1935 entstanden in Ribnitz die Bachmannwerke, eine Flugzeugfabrik, in der im Zweiten Weltkrieg Teile für die Rüstung produziert wurden. Neben Bau- und lederverarbeitenden Betrieben wurde in DDR-Zeit vor allem die Möbelindustrie in der Doppelstadt entwickelt. Das Faserplattenwerk war Hauptarbeitsgeber, durch seine Abwässer aber auch ein Verursacher der schweren → Umweltschäden in der Region. Nach der Wende wurde das Problem mit Inbetriebnahme des Klärwerkes Körkwitz ausgeschaltet.

Lokale Besonderheit ist die Verarbeitung von **Bernstein**, dem „Gold der Ostsee". 1932 entwarf Goldschmiedemeister Walter Kramer den „Fischlandschmuck". Filigrane silberne Ringe, Broschen, Hals- und Armbänder wurden großflächig mit Bernstein und maritimen Motiven besetzt. Die Anker, Seepferdchen, Schiffe und Seesterne sprachen an, das regionstypische Souvenir war geboren. Nach 1945 ließen sich Werkkünstler und Arbeiter der berühmten Königsberger Bernsteinmanufaktur in Ribnitz nieder. Auf

Das Rostocker Tor in Ribnitz

traditionelle Bernsteinverarbeitung des Ribnitzer Schmuckbetriebes zurückgreifend, entstand in ehemaligen Verwaltungsräumen der Bachmannwerke der VEB Fischlandschmuck. Er wurde später unter dem Namen „Ostseeschmuck" bekannt. Künstlerische Bedeutung erlangte der aus Königsberg stammende Bernsteindrechslermeister Werner Lux. Er entwickelte eigene Formen und bildete neue Meister aus, die die schöne kunsthandwerkliche Tradition pflegen, wie man in der Schaumanufaktur an der B 105 sehen kann.

SEHENSWÜRDIGKEITEN:

- ehemaliges Kloster St. Claren mit Klosterkirche und Bernsteinmuseum

  Die **Klosterkirche** des 1323 im ehemaligen Fürstenhof gegründeten Klosters und späteren Damenstiftes St. Claren verfügt über eine wertvolle Ausstattung mit kunsthistorisch bedeutsamen Marienplastiken, den „Ribnitzer Madonnen", und dem Grabmal der letzten Äbtissin Ursula.

  Das **Deutsche Bernsteinmuseum** ist im Dominahaus des früheren Klosters untergebracht und ging aus dem Heimatmuseum hervor. Das erste Museum entwickelte sich nach 1953 aus der Schenkung einer Seekiste und anderer maritimer Gegenstände durch den Lehrer Richard Suhr. Der Heimatforscher Ernst Garduhn baute 1963 zusammen mit dem damaligen VEB Ostseeschmuck eine Sonderschau zur Präsentation des Werkstoffes Bernstein auf. Sie fand großen Widerhall und leitete die Spezialisierung ein. Heute wird die Entstehungsgeschichte von Bernstein und eine beeindruckende Sammlung schöner Schmuck- und Gebrauchsgegenstände aus dem honigfarbenen fossilen Baumharz gezeigt.

Exponat aus dem Bernsteinmuseum - Bernsteinschiff aus dem 18. Jahrhundert

Neben historischen Pretiosen gehören auch moderne Stücke zur Kollektion. Die zu den Königsberger Künstlern zählende Schmuckgestalterin Tony Koy übergab 1989 Teile ihres Lebenswerkes dem Museum, so dass es auch Stücke aus der Königsberger Zeit zeigen konnte. Die Nachwendeentwicklung ermöglichte den Kontakt nach Kaliningrad und das Museum erwarb 1998 Arbeiten der Staatlichen Bernsteinmanufaktur Königsberg, so dass es danach die Königsberger Bernsteintradition darstellen konnte. 1999 konnte die Replik eines Paneels vom Bernsteinzimmer erworben werden; mit dem Ankauf wurde die Arbeit der Petersburger Restauratoren zur Nachbildung des Bernsteinzimmers unterstützt. Die alte Kunst des Bernsteinschnitzens und -schleifens wird in der Schauwerkstatt vorgeführt; Verkauf von Schmuck und Rohbernstein sowie ein Café runden die Atmosphäre ab.

- **Bernsteinmanufaktur** östlich der Stadt an der B 105
- Marktensemble mit **Rathaus** von 1834, **Marienkirche** aus 13./14. Jh. mit kostbaren Gemälden und Ausstattungstücken sowie dem 1841-43 von Hofbaumeister G. A. Demmler aufgesetzten Turm, Einkaufspassage **Kleine Fischergasse**, Lange Straße als Hauptgeschäftsstraße und -verkehrsader
- Stadtpark und Hafenpromenade
- alter Damgartener Ortskern mit der aus 14./15. Jh. stammenden **Stadtkirche Damgarten**
- Auf dem **Alten Friedhof** von Ribnitz sind u.a. Richard Wossidlo und Helmuth Schröder bestattet. Der Germanist Richard Wossidlo (1859-1939) widmete sich der mecklenburgischen Volkskunde und speziell der Pflege des Plattdeutschen. Er sammelte, übertrug und dichtete mecklenburgische Volksstücke und Gedichte. Der niederdeutsche Dichter Helmuth Schröder (1842-1909) war sein Inspirator und väterlicher Freund.
- Reste des im 19. Jh. abgerissenen **Befestigungssystem** von Ribnitz: Park Klosterwiese war Überschwemmungs- und Teil des Stadtgrabens, Stadtmauerreste in der Mühlen- und Mauerstraße, das spätgotische **Rostocker Tor** wurde 1290 zur günstigeren Streichwehr schräg zur Straße errichtet und um 1430 nochmals erweitert.

AUSFLUGSEMPFEHLUNGEN:

- Freilichtmuseum Klockenhagen
- Recknitztal
- Wolfshagen, spätgotische Kirche mit älterem romanischem Chor und wertvoller Ausstattung
- Rostock, Ostseebad Graal Müritz, Rostocker Heide, Gelbensander Forst und Gelbensander Jagdschloss
- Rostocker Stadtforst
- Rad- und Wandertouren auf das Fischland und zum Darß
- Rad- und Wandertouren zum Saaler Bodden über Moorheide, Pütnitzer Holz und Dornbruch
- Hessenburger Holz mit Zwölf Apostelsteinen
- Trinwillershagen, Dorfkirche aus 14. Jh.
- Schloss Schlemmin
- Löbnitz mit Schwedenschanze, Arndt-Denkmal

Segler-Tipp: mehrere Anlege- u. Liegemöglichkeiten, Service

ZIELE UND ORTE AM SÜDUFER VON SAALER UND BODSTEDTER BODDEN

Die Beschreibung folgt von West nach Ost der am Saaler Bodden verlaufenden Straße von Damgarten über Saal und Bodstedt nach Pruchten, bzw. schließt das Umland bis Barth ein.

Der **Saaler Bodden** ist das größte Boddengewässer und sehr fischreich. Sein südlichster Zipfel ist die Ribnitzer See, dort fließt die Recknitz ein. Früher bestand durch → Permin und → Loop Seeverbindung; nach deren Verschluss wandelte sich der Bodden zum Binnengewässer. An seinem südöstlichen Ufer lösen Wiesen, Moore, dunkle Mischwälder und heideähnlicher Kiefernbestand einander ab. Neben Buche, Erle und Kiefer sind Eiche, Birke und Lärche anzutreffen. Der Boden ist dicht mit Farnen oder Maiglöckchen und Buschwindröschen bedeckt.
Die Orte werden zunehmend für Erholung attraktiv. Es bestehen Gelegenheiten zum Wandern, Surfen, Segeln und Reiten.
Langendamm mit seinem alten Dorfkern und einer weitläufigen Feriensiedlung profilierte sich für die Erholung. Es überrascht durch rohrgedeckte, traditionell bemalte und gut gepflegte Häuser am Bodden. Dort befindet sich im Schilf versteckt ein Anlegesteg.
Langendamm war vermutlich zeitweiliger Niederlassungsort nomadisierender Altsteinzeitmenschen und auch in der Jungstein- und in der Bronzezeit besiedelt. In den Matrikelkarten wird nur das Weideland „de lange dam" erwähnt. Die Bezeichnung „dam" ist slawischen Ursprungs und bedeutet in Abwandlung des Wortes „dub" (Eiche) „langes Eichenland". Auch hier wird → Tonnenabschlagen als Volksfest begangen.

AUSFLUGSEMPFEHLUNGEN:

- Wanderung zum Pütnitzer Holz mit der Moorheide und Dornbruch bei Beiershagen
- Wanderung in angrenzenden Hochwald, dunkler und romantischer Mischwald
- Wanderung zu den **Zwölf Apostelsteinen** bei der Kolonie Kückenshagen im Hessenburger Holz (bei Dechowshof von Landstraße ausgeschilderter Weg) - Die fast im Boden versunkenen und in gleichen Abständen angeordneten Steine bilden einen Kreis von ca. 15 m Durchmesser. Im Mittelpunkt der 2500 Jahre alten Anlage fand man eine Urne aus der Eisenzeit, sie war vermutlich die Grabstätte einer angesehenen slawischen Person und zugleich Kultstätte. Der Name ist als spätere christliche Deutung des Großsteingrabes anzusehen. Im Mittelalter galt der Ort als gefürchteter Hexentanzplatz, daher stammt vermutlich die noch verbreitete volkstümliche Bezeichnung „Steintanz".

  Segler-Tipp: Der kleine Hafen bietet nur bedingt Gastliegeplätze

SAAL

Der Ort gab dem Bodden seinen Namen, weil es vermutlich einer der am längsten durchgängig besiedelten Orte ist. Zu der Gemeinde mit 800 Einwohnern zählen **Kückenshagen**, **Neuendorf**, **Neuendorfer Heide**, **Hessenburg** und **Hermannshagen-Dorf** als Ortsteile.
Saal wurde 1255 erstmals urkundlich erwähnt; Funde belegen jedoch Besiedlung seit der Jungsteinzeit. Im Mittelalter besaß der als Zentrum der Westlichen Rügenschen Provinz Pommerns stadtähnlich angelegte größere Ort das Marktrecht und eigene Gerichtsbarkeit. Auch Saal war schwedisch besetzt.

SEHENSWÜRDIGKEITEN:

- Die um 1300 entstandene Kirche sollte der damaligen regionalen Bedeutung des Ortes entsprechen und wurde deshalb im 14. Jh. vergrößert, indem das ungewöhnlich große Schiff an den erhaltenen Chor angefügt wurde. Im unteren Teil des Westgiebels zeichnen sich Maueransätze für einen vorgesehenen Turm ab, er wurde wegen unsicheren Untergrundes nicht gebaut. Die Kapellen in den Chorapsiden sind Ergänzungen des 15. Jh.s An der Nordflanke des dreischiffigen Langhauses befindet sich das schöne gotische Hauptportal der Kirche. Im Inneren sind die Pfeilerornamente und die als einheitliches Kunst-

Fast überall bekommt man frisch gefangenen und geräucherten Fisch angeboten

werk anzusehenden Schnitzereien an Altar, Kanzel und Gestühl sowie einige Fenster historisch wertvoll. Der jüngere frei stehende und klobig wirkende Holzturm enthält einen gewaltigen Glockenstuhl mit schönem Geläut. Turm und Kirche vereinen sich in dem mit hohen Bäumen bestandenen Friedhof zu einem ungewöhnlichen Ensemble. Der Garten des Pfarrhauses ist durch die mächtige 1 000-jährige Eibe berühmt.

AUSFLUGSEMPFEHLUNGEN:

- Zwölf Apostelsteine
- Wanderung nach Lagendamm
- Wanderung für Naturliebhaber entlang des Boddens über Damser Ort zu den Siedlungen Neuendorf und Neuendorfer Heide und Michaelsdorf.
- **Kulturscheune Kückenshagen** (Lesungen, Konzerte, Ausstellungen)

Die Halbinsel um Michaelsdorf gehört teilweise zum Nationalpark. Vom Ufer sieht man die von Wasser- und Zugvögeln als Brut- und Schlafstätten genutzten Inselgruppen der **Neuendorfer Bülten** und der **Borner Bülten**. Sie begrenzen den Saaler Bodden nach Osten. Daran schließt sich zwischen Born und Michaelsdorf der **Koppelstrom** an.

Segler-Tipp: In der Stromenge zwischen den Bülten gibt es mehrere Untiefen und sehr starke Strömung, unbedingt ausgetonnter Fahrrinne folgen!

MICHAELSDORF

Michaelsdorf liegt idyllisch zwischen dichtem Wald und weiten Wiesen auf der Halbinsel am Koppelstrom. Die **Roland-Bucht** zwischen **Rhedeort** und **Planort** sowie die östlich anschließende Redensee sind ideale Surfreviere. Die Wiesen sind wegen botanischer Seltenheiten und zahlreicher Vogelarten interessant. Das sensible Terrain am Rhedeort bedurfte der Regenerierung, da auch hier Meliorierung und Überdüngung ursprüngliche Vegetation verdrängten.
Der Ort ist ein altdeutsches Waldhufendorf; außer Lage und Erscheinungsbild lässt auch der Name eine Gründung im 13./14. Jh. vermuten, denn Kolonisierungsgründungen erhielten oft den Namen des Lokators, des Anführers der Siedler. In dem hübschen kleinen Ort wird der Likedeeler Katen als Ferienhaus empfohlen.

AUSFLUGSEMPFEHLUNGEN:

- Fuß- oder Radwanderungen in die wild-, pilz- und beerenreichen Wälder des Barther Stadtholzes und des Divitzer Forstes
- Saal, Bodstedt

FUHLENDORF

Fuhlendorf liegt an Redensee und Bodstedter Bodden, es ist ideal für Angler, Segler und Surfer. Zusammen mit dem Zeltplatz entwickelte sich der Ort in jüngerer Vergangenheit zur Feriensiedlung. Er wurde 1278 erstmals urkundlich erwähnt und im Schwedisch-Brandenburgischen Krieg schwer zerstört, erst Schifffahrt brachte zeitweise Aufschwung. Das frühere Fischer- und Schifferdorf profilierte sich zum Erholungsort für Liebhaber naturnahen Urlaubs. Der Ort besitzt einen kleinen Segelhafen sowie kleine ruhige und dadurch sehr familienfreundliche Badestrände. In der Umgebung befinden sich eine Feriensiedlung und der Naturcampingplatz.

AUSFLUGSEMPFEHLUNGEN:

- Wanderungen durch das Barther Stadtholz
- Wanderungen in beiden Richtungen entlang des Bodstedter Boddens

Segler-Tipp: Der kleine Wasserwanderrastplatz bietet nur bedingt Gastliegeplätze

BODSTEDT

Bodstedt ist durch den Zeltplatz und als Austragungsort der jährlich Tausende anziehenden Zeesenbootregatta bekannt. Die Ortsgründung erfolgte vermutlich im 14. Jh. Die erste urkundliche Erwähnung war 1388, als die spätgotische Kirche in einem Barther Kirchenverzeichnis aufgeführt wurde. Sie erhielt später als Wallfahrtsort überregionale Bedeutung. Die zu Frondiensten auf dem Barther Vorwerk verpflichteten Einwohner lebten vorwiegend vom Fischfang. In der Segelschifffahrtszeit waren Werften die Haupteinnahmequelle und brachten wirtschaftliche Blüte. Der Ort betrieb lange Fährverbindung zum

Zeesenboote im Traditionshafen Bodstedt

Darß, mit Eröffnung der → Meiningenbrücke und der Inbetriebnahme der → Darßbahn verlor sie jedoch an Bedeutung. Von der Tradition blieben rege Boddenschifffahrt und die Liebe zu den → Zeesenbooten erhalten. Sie wird von Bootsbauern, Fischern und sportlichen Enthusiasten noch heute gepflegt. Die seemännische Vergangenheit lebt in Bodstedt fort, denn hier werden die „Zeesen“ mit viel Liebe in Stand gesetzt, für den Freizeitsport umgebaut oder in herkömmlicher Weise neu gebaut. Der Traditionshafen zieht deshalb nicht nur zur großen Zeesenbootregatta unzählige Besucher an. Unermüdliche Initiatoren der Sportveranstaltungen und des Traditionshafens sind Bootsbauer Ekkehard Rammin und sein Sohn Nils. Wie in anderen Orten wird hier auch der Brauch des → Tonnenabschlagens hoch gehalten.

SEHENSWÜRDIGKEITEN UND VERANSTALTUNGEN:

- Zeesenbootregatta (jeweils erstes Septemberwochenende)
- Volksfest Tonnenabschlagen
- **Kirche:** Die spätgotische Hallenkirche war bis zur Reformation beliebter Wallfahrtsort, nachdem um 1460 24 schiffbrüchige Seeleute eine Kapelle als Dankopfer für den Heiligen Ewald anbauen ließen. Er wurde als Schutzpatron der Seefahrt verehrt. Der Kirchturm musste im 18. Jh. wegen Unterspülung abgetragen werden. 1807 rettete sie Pfarrer Danckwardt vor der Zerstörung durch eine französische Strafexpedition. Sie besitzt eine wertvolle Ausstattung mit bemalter Holzdecke, Taufstein aus 12./13. Jh., Barockaltar von 1741. Kostbar sind Lesepult, Kanzel sowie Grabsteine und ein Votivschiff als Zeugnis der Schifffahrtsgeschichte, im Inneren ist eine Flutmarke von 1872 angebracht.

AUSFLUGSEMPFEHLUNGEN:

- Charter- und Linienfahrten auf Saaler und Bodstedter Bodden
- Spaziergang zu den Waldsiedlungen Gut Glück und Drei Katen
- Wanderung oder Radtour durch das Barther Stadtholz und zur → Kirche Kenz
- Wanderung oder Radtour nach Fuhlendorf, Michaelsdorf, Saal

Segler-Tipp: Anlege- u. Liegeplätze, Service

Das **Barther Stadtholz** liegt westlich der Stadt am Flüsschen **Barthe**. Es ist wie die Recknitz ein Zufluss der Boddenkette. Unter anderem ist in dem Mischwald Wachholder verbreitet, zum Beispiel bei → Drei Katen kann man schönen Bestand sehen. Im Barther Stadtholz lohnt sich das Sammeln von Pilzen und Beeren. Sehenswert ist die **Wundereiche**, ein Naturdenkmal, das durch einen ringförmig eingewachsenen Ast ungewöhnlich erscheint und früher der Sage nach Kranke geheilt haben soll, die es vermochten, durch die ringförmige Öffnung zu kriechen.

PRUCHTEN UND BRESEWITZ

Pruchten und Bresewitz liegen auf der schmalen Landzunge am Südostende des Bodstedter Boddens. Nördlich wird sie vom Fitt, östlich vom Barther Strom umgeben. Die Landstraße führt über die → Meiningenbrücke nach Zingst. Die Landzunge ist der durch Anlandung verlängerte Rest der eiszeitlichen Lehmplatte, aus der sich auch die Insel Zingst entwickelte. Die beiden Orte nahm man in der Vergangenheit oft nur im Vorbeifahren auf dem Weg nach Zingst wahr. Doch in der DDR machte man nicht selten aus der Not eine Tugend und so entwickelten sich die bis dahin unscheinbaren Dörfer vom notgedrungenen Ausweichquartier der vom FDGB völlig ausgelasteten Ostseebäder zu beliebten und zudem preiswerten Feriensiedlungen. So bestimmt jetzt neben der Landwirtschaft zunehmend der Fremdenverkehr das Bild. Am Boddenufer und in den herrlichen Wäldern kann man Angeln, Rad fahren, Reiten, Pilze sammeln.
Pruchten und Bresewitz wurden 1278 erstmals genannt, als slawischen Bauern und Fischern das Recht zur Nutzung der Wiesen gegenüber der Stadt Barth eingeräumt wurde, so ist ältere slawische Besiedlung wahrscheinlich. Nach den schwedischen Matrikelkarten lebten die Bewohner im 17. Jh. von Fischfang und spärlicher Landwirtschaft. Im 18. und 19. Jh. erwarben sie ihren Lebensunterhalt vorwiegend als Matrosen.

SEHENSWÜRDIGKEITEN / AUSFLUGSEMPFEHLUNGEN:

- Der östliche Zipfel der Landzunge ist in Vogelzugzeiten zur Kranichbeobachtung geeignet, wenn die auf dem Festland rastenden Vögel in keilförmigen Verbänden abends ihre Schlafplätze auf Kirr, Sundische Wiese und Bock anfliegen
- Wanderung über Timmort, Freesenbruch nach Zingst (von der Brücke sind rechts die Inseln → Große Kirr und → Oie zu sehen)

Meiningenbrücke, seit 1910 die Verbindung zum Land

- Wanderung nach Bodstedt, Barther Stadtholz, Wundereiche
- Darßbahnausstellung u. „Kunst auf Rädern" in altem Waggon im ehem. Bahnhof

Segler-Tipp: Anlege- u. Liegeplätze, Service

Westlich von Pruchten liegen die **Feriensiedlung Störtebeker**, eine vielbesuchte Reitschule und der romantische Naturcampingplatz. Nördlich von Bresewitz führt bei **Leuscheort** die **Meiningenbrücke** über die Boddendurchfahrt.

*Die **Meiningenbrücke** verbindet die südliche Boddenlandschaft mit der Halbinselkette. Sie wurde 1910 mit Inbetriebnahme der Darßbahn eröffnet, nachdem 1888 schon eine Stichbahn von der Hauptstrecke bei Velgast nach Barth angelegt worden war. Bis dahin bestand ab Bodstedt Fährverbindung. Zur Schiffsdurchfahrt wurde die Klappvorrichtung eingebaut. Zwischen und neben der Schiene lagen Bohlen, damit die Brücke auch von Straßenfahrzeugen genutzt werden konnte. In den 30er-Jahren wurden die Bohlen durch Asphalt ersetzt. 1945 verhinderten Einwohner die Sprengung durch die SS. Die später bis Prerow verkehrende Bahn musste nach dem Zweiten Weltkrieg als Reparationsleistung stillgelegt und zwischen der Brücke und dem Endbahnhof Prerow demontiert werden. Nach Demontage der Bahn wurde die Straße ausgebaut. Als die einspurige Brücke zum Nadelöhr wurde, verlegten 1980 NVA-Pioniere parallel die Pontonbrücke als Provisorium. Trotz neuer Projekte wird der Verkehr nach wie vor jeweils einspurig über die Brücken geleitet. An die Eisenbahn erinnert jetzt der zwischen Zingst, Prerow und kurz bis vor Darßer Ort für Urlauber jeweils in der Saison verkehrende Kleinbus gleichen Namens.*

ACHTUNG: Pontonbrücke nur Mai - Oktober für Verkehr frei, sonst einspuriger Ampelverkehr über Meiningenbrücke entsprechend der im Informationsanhang genannten Brückenöffnungszeiten.

Westlich der Brücke liegt die kleine Inselgruppe der **Bülten**. Zwischen Pruchten und Bresewitz leben beiderseits der Straße in den verschilften Wasserflächen der **Gillwiese** einige Otterpärchen.

ACHTUNG: Geschwindigkeit drosseln, da die geschützten Tiere bei Dunkelheit über die Straße wechseln.

Östlich der Brücke liegen die **Stadt Barth** sowie der **Barther Bodden** und der **Grabow**. Die Nordhälfte dieser großen Boddengewässer zählt zur Schutzzone 1 des Nationalparks.

BARTH

Die Vineta-Stadt ist das Tor zu Zingst und Darß und dominiert mit seiner weithin sichtbaren Marienkirche die südöstliche Boddenkette. Barth geht auf eine befestigte slawische Siedlung zurück, die vermutlich um 800 entstand. Die erste urkundliche Erwähnung stammt von 1159, als in der Provinz Barta eine Alte und eine Neue Burg stand. Nach der deutschen Ostexpansion verlieh Pommernfürst Jaromar II. 1255 Barth das Stadtrecht. Die slawischen Fürsten regierten auch nach ihrer Unterwerfung 1168 weiter über Gebiete Pommerns. Dadurch konnte der auch als Minnesänger in die Literatur eingegangene Witzlaff III. 1316 in Barth einen Fürstenhof errichten und zu seiner Residenz im Land Barth machen. An die slawische Zeit erinnern Namen: Wieckstraße, Trebin, Alte Burg und Borgwall. Der Borgwall ist ein Deich zum Schutz vor Hochwasser; er wurde auf Resten der noch im Mittelalter vorhandenen Neuen Burg, der letzten slawischen Befestigung, angelegt. Einer durch neuerliche Forschungsergebnisse noch erhärteten Hypothese zufolge wird die legendäre untergegangene Stadt Vineta hier beziehungsweise im Boddenschlick vermutet; dazu wurde das Vineta-Museum eingerichtet. Grundlage der Hypothese ist die sich abzeichnende Erkenntnis, dass das Urstromtal der Oder nach der Eiszeit zunächst westlich seines heutigen Verlaufs in die Ostsee mündete.

Marienkirche in Barth

Bekanntlich beanspruchen auch die Insel Wollin sowie Zinnowitz auf Usedom den Titel „Vineta".
Nach Aussterben der Rügenschen Dynastie fielen Stadt und Hof 1325 in den Rügenschen Erbfolgekriegen an das Herzogtum Pommern-Wolgast. Daraufhin ließ Bogislaw XIII. den Fürstenhof 1573 zum Schloss umbauen und führte die Stadt zur Blüte. Bedeutende Werke des Buchdrucks und sein Bier machten Barth berühmt. Die 1584-85 in der Stadt gedruckte **niederdeutsche Bibel** ist von außerordentlicher kulturhistorischer Bedeutung und widerspiegelt die damalige geistige und wirtschaftliche Blüte der Stadt. Als Bogislaw XIII. 1605 die Herrschaft über das gesamte Großherzogtum Pommern zufiel und er danach in Stettin residierte, endete für Barth die fast 300-jährige Geschichte als Residenzstadt.
Nach Verlegung der Residenz verfiel das nach zeitgenössischen Darstellungen sehr schöne Renaissanceschloss, im Dreißigjährigen Krieg wurde es fast und im Nordischen Krieg schließlich völlig zerstört. Einige Ausstattungsstücke blieben erhalten und befinden sich heute in der Marienkirche. Die Ruine wurde später zum → Adligen Fräuleinstift umgebaut.
Als letzter Vertreter der Herzöge von Pommern-Wolgast starb Bogislaw XIV. 1637 im Dreißigjährigen Krieg; seinen Tod nutzen die Schweden auch zur Besetzung von Barth, wie es später im Westfälischen Frieden fixiert wurde.
Nachdem die Stadt von Seuchen, Feuer und Kriegen heimgesucht und die Bevölkerung verarmt war, erlebte sie nach zunächst schweren Jahren unter der schwedischen Krone wieder einen Aufschwung. Gewinnbringender Getreidehandel sicherte weitreichende Schifffahrt. Als es 1815 an Preußen fiel, war Barth eine aufstrebende Hafenstadt. Ein Rückschlag war die Choleraepidemie von 1850, an der 164 Bürger starben. Trotz der Katastrophe und des einsetzenden Niedergangs der Segelschifffahrt existierten 1877 noch 4 Werften und 18 Reedereien als gutgehende Unternehmen mit 172 Segelschiffen, 16 Küstenseglern und einem Dampfschiff. Barth war zweitgrößter preußischer Hafen und unterhielt eine eigene Navigationsschule. Die Reedereien managten die Ladungen der Schiffe von Darßer und Zingster Eignern. Als wenige Jahre später die Werften eingingen, entwickelten sich aus dem Potential vergleichsweise schnell neues Gewerbe und auch Industrie. Eine Eisengießerei, eine Jutespinnerei sowie Maschinen-, Zucker-, Fischkonserven-, Leder- und andere Fabriken entstanden und die Stadt wurde ein regional wichtiger Wirtschaftsstandort. Dazu erhielt sie 1888 Bahnanschluss.
1876 wurde die Heimatdichterin → **Martha Müller-Grählert** als Tochter der Besitzer der Grählertschen Mühlen in der Gartenstraße 57 geboren.
In beiden Weltkriegen wurden in der Stadt Rüstungsgüter produziert. Die Werke und der Flugplatz waren 1945 bevorzugte Bombenziele. In den Flugzeugwerken von Heinkel & Bachmann und in den Pommerschen Industriewerken arbeiteten KZ-Häftlinge, dazu befand sich bei der Stadt ein Außenlager. Daran erinnert eine Gedenkstätte.

In DDR-Zeit war Barth ein mittlerer Industriestandort. Während die Südstadt als neues Wohnviertel gebaut wurde, blieb die wertvolle Altstadt wie vielerorts in der DDR ein Stiefkind und drohte zu verfallen. Nach der Wende ging die Industrie der 11 000 Einwohner zählenden Stadt zurück. Sie bemühte sich um ein neues Profil, das sie mit umfangreichen Umgestaltungsmaßnahmen anlässlich ihres 750-jährigen Bestehens 2005 abschloss. Ein besonders gelungenes Beispiel ist der als Hotel genutzte Alte Speicher am Hafen.
Barth ist durch den **Ostseeflughafen Barth-Stralsund** und seinem Wassersporthafen mit großem Serviceangebot als Anlaufpunkt des maritimen Tourismus außerordentlich attraktiv. Die Umgebung bietet gute Reviere für Surfer und Segler.

SEHENSWÜRDIGKEITEN:

- **Marienkirche** - Wahrzeichen Barths, 1340 erstmals erwähnt, älteste Bausubstanz wird aber als wesentlich älter eingeschätzt. Der mächtige, erst im 15. Jh. angebaute und weit sichtbare 87 m hohe Turm diente der Seefahrt zur Orientierung, er bietet sehr guten Rundblick. Die stark heruntergekommene Kirche wurde nach 1853 auf Anregung des schöngeistigen Preußenkönigs Friedrich Wilhelm IV. von dem auch in → Zingst tätig gewesenen Architekten Friedrich August Stüler im Inneren teilweise rekonstruiert und von Gottfried Pfannschmidt mit historisierender Innenbemalung versehen. Von der reichen Ausstattung sind Leuchter und Taufbecken von 1590 hervorzuheben. Wertvollstes Exponat des Kirchenschatzes ist die niederdeutsche Bibel, sie ist im Bibelzentrum in der Hospitalkirche zu besichtigen.
- **Adliges Fräuleinstift** - In der Schwedenzeit wurde die Ruine des Schlosses zur Versorgungsanstalt für adlige Jungfrauen ausgebaut und 1733 eingeweiht. Der Volksmund nannte die dreiflüglige Barockanlage „Adliges Kloster", obwohl die Stiftsdamen keinen Ordensregeln unterlagen und auch heiraten, wieder ausziehen oder einen anderen Wohnsitz wählen konnten. Über dem Portal erinnert die schwedische Krone an die Stiftung des Ordens des Barther Klosters 1749 durch die schwedische Königin Ulrica Eleonora. Es war die einzige schwedische Stiftung auf deutschem Boden. Die Stiftsdamen förderten das Diakonissenwerk, 1910-20 belebten Marie von Hertell als Pianistin und Ursula von Stumpfeld

Adliges Fräuleinstift

als bekannte Landschaftsmalerin das geistige Leben der Stadt. Große Verdienste erwarb sich die letzte Priorin, **Katharina von Hagenow**, durch ihre Mitarbeit am Mecklenburgischen Wörterbuch. Die 1952 verstorbene Priorin wurde 1955 in der Festschrift „700 Jahre Stadt Barth" als „kenntnisreiche, stilgewandte und warmherzige Wissenschaftlerin" geehrt.
Die Stiftung wurde 1948 aufgehoben und statutsgemäß an die Kirche zurückgegeben. In den Flügeln wurden Kriegsflüchtlinge einquartiert, die Priorin lebte bis zu ihrem Tod im Konventssaal. Danach verfiel die Anlage. 1983 wurde in einem Flügel ein Kindergarten eingerichtet und damit ein Teil gerettet. Nach der aufwendigen Sanierung und Restaurierung wurde das Adlige Fräuleinstift wieder öffentlicher Nutzung zugeführt.

- **Stadtbefestigung**, von den umfangreichen Anlagen blieben nur wenige Reste der **Stadtmauer** von 1392, der 35 m hohe Turm des **Dammtores** und der **Fangel- oder Neuer Turm** aus dem 16. Jh. erhalten.
- **Markt** und umgebende Gassen, mittelalterliche **Dammvorstadt**
- **Rathaus** von 1927
- Der als Hotel genutzte **Alte Speicher** aus 18. Jh. in Badstüberstraße, **Hospital St. Jürgen** aus 14. Jh. in Sundischer Straße
- **Vineta-Museum** zu Legenden des Ostseeraums (Vineta, Störtebeker, Wundereiche u.a.)
- Gedenkstätte für ehemaliges KZ- Außenlager

AUSFLUGSEMPFEHLUNGEN:

- **Rundflüge vom Ostseeflughafen Barth-Stralsund** über Stadt, Halbinselkette, Boddenlandschaft und Hiddensee
- Spaziergang zum **Divitzer Schloss und Park** in der Nähe des Forsthauses und der Ortschaft Divitz, das Schloss wurde anstelle einer Wasserburg errichtet
- Löbnitz an der B 105, Wohnort der Eltern von Ernst Moritz Arndt, Denkmal zur Erinnerung an seinen Aufenthalt 1787-1805; Schwedenschanze
- **Naherholungsgebiet** auf Landzunge nördlich der Stadt zwischen Barther Strom, der Einmündung der → Barthe, und Barther Bodden mit den **Vogelsängen**, den Mittelsten und den Hintersten Bergen, zwischen den kleinen Wäldchen wachsen die **Ginstermeere**
- Zingst und Darß
- Stralsund
- Prohner Wieck

Im Meereskundemuseum Strahlsund

Hafen Barth

- Wanderung zum ➜ Barther Stadtholz mit Wundereiche, den ausgedehnten schönen Wald an der Barthe erreicht man von Barth-Tannenheim oder Divitz
- Wanderung oder Radtour zum ➜ Donnerberg
- Radtour über Donnerberg am Boddenufer zum ➜ Großen Holz und zum ➜ Gehäge bis ➜ Barhöft, ideale Punkte zur Naturbeobachtung
- Wanderung oder Radtour zum südlich der Stadt gelegenen Dorf **Kenz** - Kenz hatte in der Geschichte große regionale Bedeutung, nachdem im 13. Jh. eine Quelle entdeckt und es zum weit über die Grenzen Pommerns und Mecklenburgs bekannten Wallfahrtsort wurde. Die Quelle vermochte der Sage nach alle Leiden und Gebrechen zu heilen, deshalb wurde sie einem vor der ersten Kirche aufgestellten Madonnenbild geweiht. Als „Maria Pomerana" bis zur Reformation hoch verehrt, zog das Bildnis hoffende Kranke und Fromme an. Deshalb wurde die kleine Kirche Anfang des 15. Jh. abgetragen, durch eine größere ersetzt und mit Malereien an Gewölbe und Fenstern ausgestattet. Das damals mit der Wunderkraft von Lourdes gleichgesetzte Bild verschwand im Dreißigjährigen Krieg. Zusätzliche Bedeutung erhielt die Kirche durch die Beisetzung von Pom-

mernherzog Barnimir IV., der 1405 auf der Pilgerfahrt nach Kenz verstarb. Wahrscheinlich gab sein Tod den Anlass zum neuen Kirchenbau, wie der später aufgestellte repräsentative Scheinsakopharg mit seiner lebensgroßen Skulptur vermuten lässt. Die Kirche fällt durch ihren Westturm mit dem gewallmten Helm auf. Die kunsthistorisch wertvollen Glasmalereien der Fenster wurden 1895 ergänzt und 1952 sowie 1976 restauriert. Die Quelle erlangte in der Schwedenzeit noch einmal als Heilquelle Berühmtheit. Dazu wurde im 18. Jh. ein Brunnenhaus und eine Baumallee auf den Weg dorthin angelegt, davon blieben Fragmente erhalten. Kenz war bis 1815 erster pommerscher Badeort. Der dem Ort zugute kommende Aufschwung brachte der Kirche den Barockaltar und die Kanzel ein. Zur Ausstattung gehört u.a. ein besonders aufwendig gestaltetes Kruzifix. Die neogotische Orgel ist eine Ergänzung von 1864.

Segler-Tipp: mehrere Anlege- u. Liegemöglichkeiten, Marina, großer Service inkl. Wartung u. Reparatur

ZIELE UND ORTE AM SÜDUFER VON BARTHER BODDEN, GRABOW UND BARTHER ZUFAHRT

Die Beschreibung folgt von West nach Ost ab Barth den Wegen entlang des Barther Boddens und des Grabows bis Barhöft.

Östlich von → Barth erschließt sich dem Besucher eine stille, aber reizvolle Uferlandschaft mit sanften Hügeln eiszeitlicher Endmoränen. Die Erhebungen bieten schöne Rundblicke über das Hinterland und die Bodden. Markant sind der Donnerberg und der **Sundische Berg**. Auf dem bewaldeten **Donnerberg** befindet sich eine Jugendherberge.
Die unterhalb liegende urige Gaststätte **„Klönkaten"** und der kleine Segelhafen sind beliebte Ausflugsziele. Vom **Rauhen Berg** hat man einen besonders schönen Rundblick. Hinter **Glöwitz** liegt auf dem Fahrenkamp eine Feriensiedlung.
Tipp: Die Landzunge bietet ein schönes Panorama von Barth und dem Grabow.

Von der Feriensiedlung bzw. der Jugendherberge führen Wege zur Badestelle bei Küstrow-Dabitz, von dort ein wenig begangener, teilweise auch feuchter Pfad zur sumpfigen Mündung des Zipker Baches und weiter am Grabowufer entlang zum **Bartelshagener Steinriff**. Von der als eiszeitliche Geröllablagerung kaum zu erkennenden Landspitze führt der Pfad über Nisdorf zu den kleinen Wäldchen **Großes Holz und Gehäge** mit der Aussichtsplattform bei **Kinnbackenhagen**.

Segler-Tipp: Anlege- u. Liegeplätze in Küstrow-Dabitz und in Kinnbakenhagen.

Hafen Barhöft

Östlich von Kinnbackenhagen befinden sich die kleinen Orte **Bisdorf** und **Wendisch Langendorf**. Die halbinselähnliche Landzunge bei Barhöft, das **Barhöfter Kliff**, ist der östlichste Abschnitt des die Halbinselkette südlich flankierenden Boddenufers. Östlich davon dehnen sich die in den Strelasund übergehenden Boddengewässer **Prohner Wieck** und **Vierendehlgrund**. Das Boddenstück zwischen Bock und Barhöft heißt **„Barther Zufahrt"**. Der idyllische kleine Ort Barhöft mit Lotsenstation und Segelhafen ist durch seine Nähe zu Stralsund und Hiddensee und als Eingang zur Boddenkette für Wassersportler ein Begriff. Unter Naturfreunden gilt Barhöft als vorzüglicher Beobachtungsort des Vogelzugs, speziell von Kranichen. Dadurch sind auch das dortige **Nationalpark-Informationszentrum Barhöft** und das **Kranich-Informationszentrum Groß Mohrdorf** international bekannt.

SEHENSWÜRDIGKEITEN:

- In Ortsnähe erlaubt die Aussichtsplattform beim Barhöfter Kliff am Ufer der Barther Zufahrt einen schönen Blick auf den bewaldeten Bock und Beobachtung der Kraniche beim Anflug auf den Bock.

- Auf den Feldern und Wiesen bei Barhöft und **Klausdorf** entlang des Prohner Wiecks suchen während des Vogelzuges im September und Oktober Tausende Kraniche tagsüber nach Futter, um abends zu ihren Schlafplätzen auf der Sundischen Wiese, dem Bock und den Wattinseln hinüberzufliegen.
- Nationalpark-Informationszentrum Barhöft und Kranich-Informationszentrum Groß Mohrdorf
- Findling im Wald bei Barhöft

Segler-Tipp: Anlege- u. Liegeplätze

Rad fahren und Baden sind sehr beliebt

ZIELE UND ORTE IM RECKNITZTAL

Neben seinen naturkundlichen Besonderheiten mit drei NSG ist das Recknitztal und seine malerische Umgebung auch historisch interessant, denn es war bereits frühgeschichtlich besiedelt. Wahrscheinlich ging später von hier auch die ständige Besiedlung von Fischland, Darß und Zingst aus.

Östlich des Tales befinden sich bei den Schlössern von **Pantlitz** und **Semlow** sowie bei dem Dorf **Camitz** und westlich bei **Kucksdorf** in der Nähe von Bad Sülze Reste slawischer **Ringwälle**. In **Tribohm** steht eine 1 000-jährige Kirche.

Pantlitz war vermutlich schon im 9. Jh. eine größere Burg mit einer slawischen Kultstätte. Später entstand daraus eine deutsche Burg bzw. das Schloss.

Semlow besitzt eine romanische Feldsteinkirche, ein Schloss von 1827 und einen Landschaftspark mit einem **Großsteingrab** aus der Jungsteinzeit. Das Schloss geht auf einen Rittersitz zurück, der aus einer slawischen Befestigung entstand. Der englische **Landschaftspark** wurde 1851-53 angelegt. Die Kirche wurde 1170-91 erbaut. Das 1950 restaurierte Gotteshaus enthält eine wertvolle Ausstattung.

Bei dem östlich des Tales gelegenen Dorf **Eixen** laden herrlicher Wald zum Wandern und ein 16 ha großer See zum Baden und Angeln ein.

MARLOW

Das auch für Wasserwanderer interessante Städtchen Marlow liegt am Westhang des Recknitztales. Die Stadt entstand aus einer slawischen Burgsiedlung und wurde 1179 bzw. 1210 als Marktsiedlung „Marlov", „Marlowe" und „Marlouwe" erwähnt. An der Kirche ist die Jahreszahl 1244 erkennbar; man geht davon aus, dass das Datum der Ortserweiterung bzw. Stadtrechtsverleihung nach der deutschen Besiedlung entspricht. Der Sage nach stand bei Marlow ein Schloss, dass durch einen Zauber mit einer Prinzessin im Boden versank. Beide erscheinen mittags guten Menschen und können durch einen schweigenden Jüngling mit Hilfe des Wassers vom Schimmelbrunnen erlöst werden.

SEHENSWÜRDIGKEITEN:

- **Marktensemble** mit frühgotischer Kirche aus dem 13. Jh., Rathaus von 1682, Kantorhaus von 1776 und mehreren Fachwerkhäusern, Heimatstube, Denkmalmühle
- **Vogelpark**, u.a. Nationalpark-Voliere mit Nachbildung der Boddenlandschaft
- **Park-Hotel Schloss Schlemmin**, Vier-Sterne-Hotel in restauriertem neogotischem Schloss mit weitläufigem Park

AUSFLUGSEMPFEHLUNG:

- Kloster Wulfshagen

BAD SÜLZE

Die Dahlienstadt Bad Sülze ist als ältestes norddeutsches **Sol- und Moorbad** ein traditionsreicher Kurort. Die Stadt wurde erstmals 1262 urkundlich erwähnt. Der Name geht auf ergiebig sprudelnde Solequellen zurück. Schon 1234 lieferte die „Saline in Sulta" Salz und brachte der Stadt Wohlstand. Um 1700 wurde das erste Gradierwerk zur Salzgewinnung errichtet. Der Kurbetrieb wurde 1822 eröffnet und dazu ein Gradierwerk für die Behandlung von Bronchialerkrankungen errichtet. Seit 1901 werden auch rheumatische Erkrankungen mit Torf aus dem Recknitztal behandelt.

SEHENSWÜRDIGKEITEN:

- Marktensemble mit Rathaus von 1770 und **Stadtkirche** (bereits 1180 begonnen, eine der ältesten der Region), Windmühlen, Kurpark und **Salzmuseum** im ehemaligen Salzamt mit Ausstellung zur Geschichte der Salzgewinnung und des Salz-Fernhandels
- Dahlienschau

AUSFLUGSEMPFEHLUNGEN:

- **Wasserburg** bei **Turow**
- **LSG Trebel-Urstromtal**, Landschaft ähnelt der des Recknitztales
- Tribsees, Kleinstadt mit Rest mittelalterlichen Kerns, Stadttor
- Zugbrücke Nehringen

Dahlien

INFORMATIONSANHANG

ANREISEMÖGLICHKEITEN

Wer mit **Pkw**, **Caravan** oder **Krad** anreist, sollte die Ende 2005 fertig gestellte Ostsautobahn **A 20** nutzen. Das jahrzentelange Nadelöhr der völlig überlasteten Bundesstraße 105 (E22) wurde damit endlich beseitigt, so dass man sich nun je nach Verkehrslage für den letzten Fahrtabschnitt für die A 20 oder die B 105 entscheiden kann.
Wer aus **westlicher Richtung** anreist, fährt bis Lübeck auf der A 1, aus **südlicher Richtung** bietet sich die A 19 bis Rostock und aus **östlicher Richtung** ebenfalls die A 20 bzw. die B 96 bis Stralsund an. Zur **Anfahrt nach Fischland und Darß** verlässt man die A 20 an der Abfahrt Sanitz (18) und folgt der Ausschilderung über Ribnitz-Damgarten. Wer ab Rostock-Ost die B 105 nutzt, verlässt sie am ausgeschilderten Abzweig vor Ribnitz-Damgarten, OT Altheide.
Zur **Anfahrt nach Zingst** bzw. für alle aus östlicher Richtung über Stralsund Anreisende verlässt man die A 20 an der Abfahrt Bad Sülze (20) und folgt der Ausschilderung über Bad Sülze zur Ampelkreuzung an der B 105 in → Löbnitz und von dort weiter über Barth zur → Meiningenbrücke. Wer ab Greifswald oder Stralsund die B 105 nutzt, verläst sie an der Ampelkreuzung in Löbnitz, danach wie oben weiter. (Bei Überlastung der B 105 empfiehlt sich ab Niepars die ausgeschilderte **„Touristischen Nebenstrecke"** über Groß Kordshagen.) Hinter Bresewitz führt die **Meiningenbrücke** vom südlichen Boddenufer hinüber nach Zingst.

Aktuelle Sperrzeiten der Meiningenbrücke für den Straßenverkehr im Sommer- und Winterhalbjahr unter © 03 82 31 / 35 05 oder 01 79 / 99 70 212 sowie Verkehrsinformation unter „www.mvnet.de" erfragen!

Hier Sommer-Sperrzeiten unter Vorbehalt:

1.5. - 6.9.:

Mo, Do, Sa	8.30 - 9.15 Uhr
Di, Mi, Fr	8.30 - 9.15 und 19.30 - 20.15 Uhr
So	19.30 - 20.15 Uhr

7.9. - 31.10.:

Mo, Mi, Do und Sa	10.30 - 11.15 Uhr
Di	keine
Fr und So	10.30 - 11.15 Uhr
bis 27.9. auch	18.30 - 19.15 Uhr

Zur **Anreise in die südliche Boddenlandschaft** bieten sich zwei Varianten an: Von der A 20, Abfahrt Sanitz (18), bzw. auf der B 105 von Rostock kommend auf der B 105 durch Zentrum von Ribnitz-Damgarten, danach über den Straßenknoten mit der Abzweigung nach Marlow und über die Recknitzbrücke fahren, dann links in alten Ortskern von Damgarten abbiegen und ausgeschilderter Straße nach Saal folgen. Wer über Stralsund anreist, fährt wie oben beschrieben nach Barth Richtung Zingst und verlässt nach der Stadt die Hauptstraße bei Tannenholz oder in Pruchten links Richtung Fuhlendorf oder Bodstedt.

Tankstellen: Barth, Born, Zingst, Ribnitz-Damgarten und Marlow

Radfahrer sollten die B 105 meiden und die Landstraße bzw. Nebenstarßen oder Wege von Bad Sülze durch das Recknitztal zur Anreise wählen. Ab Ribnitz-Damgarten fährt man vom alten Damgartener Ortskern Richtung Zingst auf der Landstraße durch die südliche Boddenlandschaft bis Pruchten. Richtung Fischland und Darß wird der weiß-blau-weiß markierte Weg über Dändorf und Dierhagen benutzt. Vom Osten kommende Biker sollten bis Barth die Umleitung über Groß Kordshagen wählen.

Tipp: Information bei Mecklenburger Radtour, ✆ 03831/ 280220

Bahnreisende müssen bis Ribnitz-Damgarten West bzw. Barth lösen. Dort bestehen Busverbindungen mit Fahrradanhänger.

Tipp: vorher Anschluss bei Fremdenverkehrsämtern erfragen

HAUPTWANDER- UND -RADWEGE

Viele Wander-, Rad- und Reitwege durchziehen Halbinsel und Boddenlandschaft. An abgelegenen Strandzugängen, Parkplätzen und an Kreuzungen stark begangener Wanderwege stehen Notrufsäulen.
Interessant ist der das gesamte Gebiet erschließende weiß-blau-weiß markierte Europäische Fernwanderweg, ein Teil des Küstenwanderweges E9. Bei einer Gesamtlänge von nahezu 65 km (mit zahlreichen, aber lohnenden Abstechern) verbindet er die Orte am Südufer von Saaler und Bodstedter Boddens sowie Zingst, Prerow, Altdarß, Ahrenshoop, das Hochufer des Fischlandes, Wustrow, Dändorf und Ribnitz-Damgarten und ist besonders für Radfahrer, in Teilstrecken bzw. Tagesabschnitten für Wanderer oder Spaziergänger geeignet.
Der mit rotem Punkt gekennzeichnete Wander- und Radweg von Wustrow bis Pramort verbindet alle landschaftlich schönen und naturkundlich interessanten Punkte der Halbinsel und ist besonders Naturliebhabern zu empfehlen. Der weiß-rot-weiß markierte Wander- und Radweg von Barth nach Dierhagen erschließt das Boddenufer von Darß, Zingst und Fischland.

Zusätzlich zu den Hauptwegen existieren weitere markierte Wegstrecken, so dass das Gebiet bequem erschlossen werden kann. Ein Erlebnis für sich ist die Wanderung entlang der Küste, obwohl sie durch das Sandlaufen anstrengend ist.

AUSFLUGSTIPPS IN DIE UMGEBUNG

In südlicher Richtung:

- das landschaftlich schöne und teilweise geschützte → Recknitztal
- die alten Städte → Marlow, → Bad Sülze und → Tribsees
- **Güstrow** mit wertvoller Altstadt, **Schloss**, **Dom**, **Gertrudenkapelle**, **Barlach-Gedenkstätte**

In östlicher Richtung:

- **Stralsund** Hansestadt mit international eingestufter historisch wertvoller Altstadt; besondere Sehenswürdigkeiten: **Rathaus**, **Marienkirche**, **Deutsches Museum für Meereskunde und Fischerei**
- **Hiddensee** autofreie und nur mit dem Schiff von Schapprode, Stralsund oder Zingst erreichbare Insel, gehört zum Nationalpark und bietet zu jeder Jahreszeit natürliche Ursprünglichkeit; Sehenswürdigkeiten: Leuchtturm auf dem Dornbusch, **Gerhard-Hauptmann-Gedenkstätte und -Grab** in Kloster, Kirche in Kloster mit Holzplastik „Engel von Hiddensee" sowie Nationalparkhaus in Vitte und Museumskneipe in Grieben.
- **Rügen** größte Insel Deutschlands mit großen Seebädern, Bäderarchitektur, schönen Stränden; Sehenswürdigkeiten: Naturdenkmal **Wissower Klinken** sowie **Königsstuhl und Kreideküste** im Nationapark Jasmund, Stadtensemble von **Putbus** mit Fürst Maltes Theater, die Schlösser **Granitz** (Schinkelbau) und Spyker, **Kap Arkona** (alter Leuchtturm Schinkelbau), Fischerort **Vitte**, Kirche **Vilmnitz** (Grablege Putbuser Fürsten), der **Antwerpener Altar** als bedeutendstes Kunstwerk der Insel in der Kirche von **Waase** auf der Insel **Ummanz**, Störtebeker-Festspiele in **Ralswieck**, historische **Eisenbahn „Rasender Roland"**, Hafen und Stadt **Saßnitz** mit Fährverbindung nach Trelleborg sowie Fahrten um die Insel und nach Bornholm, NSG **Goor** bei Lauterbach, **Insel Vilm** vor Lauterbach.
- **Greifswald** Dom, Altstadt, Klosterruine Eldena, Traditions-Fischerdorf Wieck
- **Usedom** weitgehend naturbelassene Insel mit schönen Seebädern, Bäderarchitektur und breiten Ständen, FKK, herrliche Wald- und Boddenlandschaft; Sehenswürdigkeiten: Gedenkstätte und „Technisch-Historisches Informationszentrum der Raumfahrt" sowie Pommersches Bettenmuseum in **Peenemünde**, Gorki-Literatur-Museum „Villa Irmgard" im Ostseebad Heringsdorf, Gedenkstätte Golm, Technisches Denkmal Eisenbahn-Hubbrücke Karnin;

V2 im Technisch-Historischen Informationszentrum der Raumfahrt

Fußgänger-Grenzübergang nach **Świnoujście (Swinemünde)** mit Fischerei- und Seefahrtsmuseum sowie Leuchtturm, alter Seefestung und Seebad **Miedzyzdroje (Misdroy)** mit Wisentgehege auf der **Insel Wollin**.

- **Otto-Lilienthal-Gedenkstätte Anklam**

In westlicher Richtung

- Ostseebad **Graal-Müritz** mit Rostocker Heide, Gelbensander Forst und Gelbensander Jagdschloss
- **Rostock** Hansestadt mit sehenswerter Innenstadt, Überseehafen und **Warnemünde**
- **Bad Doberan** frühgotisches **Münster** mit berühmten gotischen Glasfenstern und anderen international geschätzten Kunstwerken; Traditionsbahn „Molli" zwischen Doberan und Heiligendamm
- **Heiligendamm** 1794 nach Förderung durch Herzog Friedrich Franz unter Namen „Brunshaupten" als erstes Ostseekurbad entstanden. Das berühmte Seebad mit zahlreichen klassizistischen Nobelvillen will nach umfassender Sanierung an die Glanzperiode der Kaiserzeit anknüpfen.
- Ostseebäder **Kühlungsborn** und **Rerik**, die vom Zweiten Weltkrieg bis zur Wende gesperrte **Halbinsel Wustrow** ist wieder als NSG bei Führungen zugänglich.
- **Wismar** mit schöner Altstadt und Insel Poel

FREMDENVERKEHRSÄMTER, -VEREINE UND ANDERE TOURISMUSTRÄGER

- **Tourismusverband FISCHLAND DARSS ZINGST e. V.**, Barther Str. 31 (Storchenhaus), 18314 Löbnitz ✆ 038324 / 6400, Fax: 64034
- **Nationalparkamt Vorpommersche Boddenlandschaft**, Am Wald 13, 18375 Born, ✆ 038234/5020, Fax: 50225
- 18347 Ostseebad **Ahrenshoop**, Kurverwaltung, Kirchnersgang 2, ✆ 038220 / 666610, Fax: 666629
- 18356 **Barth**, Barth-Information/Zimmervermittlung, Lange Straße 13, ✆ 038231/2464
- 18375 **Born**, Kurverwaltung / Zimmervermittlung, Chausseestraße 75, ✆ 038234 / 5040, Fax: 5042
- 18347 Ostseebad **Dierhagen**, Kurverwaltung, E.-M.-Arndt-Str. 2, ✆ 038226/201, Fax: 80466
- 18375 Ostseebad **Prerow**, Kurbetrieb, Gemeindeplatz 1, ✆ 038233/551 oder 6100, Fax: 227
- 18356 **Pruchten**, Gemeindeverwaltung, ✆ 038231/2512
- 18311 **Ribnitz-Damgarten**, Stadtinfo, Am Markt 1, ✆ 03821/2201
- 18317 **Saal / Langendamm**, Gemeindeverw., ✆ 038223/419
- 18334 **Bad Sülze**, Amt für Kur- und Fremdenverkehr, Am Markt 17, ✆/Fax: 038229/80677
- 18375 **Wieck**, Kurverwaltung, Bliesenrader Weg 2, ✆/Fax: 038233/201
- 18347 Ostseebad **Wustrow**, Kurverwaltung / Zimmervermittlung, E.-Thälmann-Straße 10, ✆ 038220/251, Fax: 253 / FFV, E.-Thälmann-Straße 46, ✆/ Fax: 038220 / 463
- 18374 Seeheilbad **Zingst**, Seestraße 56, Kurverwaltung (038232/ 8150, Fax: 81525, Zimmervermittlung (038232/ 81521

Zu Hotels, Pensionen und Gaststätten bitte aktuelle Gastgeberverzeichnisse und Informationen der Fremdenverkehrsämter anfordern.

FLUGHAFEN UND FLUGCHARTER

- Ostseeflughafen Stralsund-Barth, 18356 Barth, Flughafenallee, ✆ 038231 / 89 551, Fax: 038231 / 2480

SCHIFFSVERKEHR UND WASSERSPORTSERVICE

In den Orten bestehen Möglichkeiten zu Schiffsausflügen auf dem Bodden, nach Hiddensee und Stralsund. Rostock, Stralsund und Saßnitz bieten weitere interessante Schiffsverbindungen, u.a. nach Bornholm und Kopenhagen sowie Rundfahrten um die Insel Rügen.

Schiffsverkehr und Reedereien:

- Boots- u. Hafenservice Sprenger, Boddenrundfahrten ab Barhöft, Am Hafen, 18415 **Barhöft**, ✆ 038323 / 219
- Reederei Wolfgang Rasche GbR, Boddenrundfahrten ab Prerow und Linienfahrten Born - Fuhlendorf - Prerow, 18375 **Born**, Auf dem Ende 8, ✆ 038234 / 210, Fax: 038234 / 309903
- Poschke Fahrgastschifffahrt GmbH, Boddenrundfahrten mit Schaufelraddampfer an Prerow und Boddenrundfahrten ab Zingst, Pumpeneck 5, 18375 **Born**, ✆ 038234 / 239, Fax: 038234 / 30139
- Arkona-Reederei Stadthafen **Saßnitz** (Fahrten rund um Rügen, nach Bornholm u. Kopenhagen) ✆ 038392 / 5785051
- Reederei Hiddensee, Linienfahrten Zingst - Hiddensee, Fährstr. 16, 18439 **Stralsund**, ✆ 03831 / 26810, Fax: 03831 / 268130
- Fahrgastbetrieb Kruse u. Voß GmbH, Boddenrundfahrten ab Ribnitz-Damgarten, Dierhagen, Wustrow, Ahrenshoop, Born und Bodstedt, Hafenstr. 7, 18347 **Wustrow** ✆ 038220 / 558 Fax: 038220 / 81120
- Reederei Oswald, Fahrten n. Hiddensee u. Stralsund sowie „Kranichtour" und Boddenrundfahrten mit Fahrradtransport, Sünnenkringel 59, 18374 Seeheilbad **Zingst**, ✆ 038232 / 16677, Fax: 038232 / 16088
- Hanse Jet, (superschnelles Gleitboot von Warnemünde nach Travemünde, Fehmarn u. Gedser bzw. von Lauterbach nach Stettin u. Swinemünde, ✆ 0180/3212120 (Service-Hotline)

Hafen in Ahrenshoop-Althagen

Wassersport

Die Boddengewässer sind von den Revieren um Hiddensee bzw. Stralsund über die → Barther Zufahrt direkt erreichbar. Die Bodden sind betonnte Brackwassergewässer, die Fahrrinnen sind wegen der Vogel- und anderen Naturschutzgebiete einzuhalten. Mit Ausnahme des → Koppelstroms und der Durchfahrt der Meiningenbrücke sind sie nahezu strömungsfrei. Die Wasserstandsschwankungen betragen ca. 30 cm. Durch vorherrschenden Westwind bieten sie gute Windverhältnisse bei kleiner Welle; insbesondere für Jollen gelten sie als ideales Revier.

Segler-Tipp:

Aktuelle Durchfahrtszeiten der Meiningenbrücke im Sommer- und im Winterhalbjahr (in der Regel morgens und abends je 15 Minuten) unter ✆ 038231 / 3505 oder 0179 / 9970212 sowie unter „www.mvnet.de" erfragen!

Hier Sommer-Durchfahrtszeiten unter Vorbehalt

1. 5. - 6. 9.:

Mo, Do und Sa	8.45 - 9 Uhr
Di, Mi und Fr	8.45 - 9 und 19.45 - 20 Uhr
So	19.45 - 20 Uhr

7. 9. - 31. 10.:

Mo, Mi, Do und Sa	10.45 - 11 Uhr
Di	keine
Fr und So	10.45 - 11 Uhr,

bis 27. 9. auch 18.45 - 19 Uhr

Durchfahrtszeiten im Winterhalbjahr unter den oben angegebenen Nummern erfragen.

Häfen, Liegeplätze:

- **Nothafen Darßer Ort** → Nationalparkamt; ✆ 038232 / 5020 (Zufahrtstiefe 3 m, über 100 Liegeplätze nach Nothafen-Satzung)
- Hafen **Ahrenshoop-Althagen**, Hafenmeister Herr Schönthier, Am Hafen, 18347 Ostseebad Ahrenshoop, ✆ 038220 / 6946 oder → Kurverwaltung Ahrenshoop (Zufahrtstiefe 1,1 m, 15 Gastliegeplätze, weitere n. Vereinbarung, Service, Betankung, Slip)
- Hafen **Barhöft**, Hafenmeister Herr Faika, Am Hafen 13, 18415 Barhöft, ✆/Fax: 038323 / 531 (Zufahrtstiefe 3,5 m, 50 Gastliegeplätze, umfangr. Service, Slip, Kran auf Anfrage)
- Stadthafen Barth, Hafenmeister Herr Schillinger, Am Hafen, 18356 **Barth**, ✆ 038231 / 66964, Fax: 66967 (Zufahrtstiefe 3 m, 50 Gastliegeplätze, umfangr. Service, Betankung, Slip, Kran auf Anfrage, größter Hafen im Boddenrevier)
- Werfthafen Barther Yachtservice, Herr Kunsch, Hafenstr. 28, 18356 **Barth**,

✆ 038231 / 2740, Fax: 2745 (Zufahrtstiefe 2,5 m, 5 Gastliegeplätze, Hallenplätze, Freilager, Wasserliegeplätze, umfangr. Service, Betankung, Charter, Kran 45 t)

- Barther Seglerverein e.V., Herr Schäwel, Am Westhafen, 18356 **Barth**, ✆ 038231 / 2782 (Zufahrtstiefe 2,5 m, 50 Gastliegeplätze, umfangr. Service, Slip 5 t, Kran 5 t)
- Wassersportzentrum Barth GmbH, Borgwall, 18356 **Barth**, ✆/ Fax: 038231 / 3312 (Zufahrtstiefe 2,5 m, 56 Liegeplätze, davon 40 an Land für Jollen, Winterplätze, umfangr. Service, Slip)
- Bootswerft Eckehardt Rammin & Söhne, Waldstr. 27b,18356 **Barth**, ✆ 038231 / 81694, Fax:81693 (Zufahrtstiefe 2,5 m, 9 Gastliegeplätze, Winterplätze, Slip 20 t, Kran 5 t)
- Traditionshafen Bodstedt e.V., Herr Ekkehard Rammin, Damm 8, 18365 **Bodstedt**, ✆ 038231 / 4414 (o. ü. Bootswerft Rammin Barth, s.o.) (Zufahrtstiefe 1,6 m, 33 Liegeplätze, Service, Slip)
- Hafen **Born**, Hafenmeister Herr Witt oder → Kurverwaltung, Chausseestr. 75, 18375 Born, ✆ 038234 / 50421, Fax 50431 (Zufahrtstiefe 2 m, 30 Gastliegeplätze, Slip, Kran auf Anfrage, Betankung)
- Hafen **Ostseebad Dierhagen / OT Dändorf**, Yachtclub Fischland e.V., ✆ über 0381 / 1201179 (Zufahrtstiefe 1,2 m, 4 Gastliegepl, Slip 10 t)
- Hafen Dierhagen-Dorf, Herr Zobel, Dorfstr. 27, 18347 **Ostseebad Dierhagen / OT Dorf**, ✆ 038226 / 445, Fax 69341 (Zufahrtstiefe 2 m, 3 Gastliegeplätze, Service, Trailer)
- Wasserwanderrastplatz **Fuhlendorf**, Hafenstr.1, 18365 Fuhlendorf, ✆ 038231 / 41230 (Zufahrtstiefe 1,8 m, 30 Liegeplätze, Service, Slip)
- Anglerverein Kinnbackenhagen, Herr Klaus Selke, Strandstr. 3, 18445 **Kinnbackenhagen**, ✆ / Fax: 038231/ 80615 (Zufahrtstiefe 1 m, Anlege- u. Liegepl., Slip, Service)
- Wasserwanderrastplatz **Küstrow-Dabitz**, Herr Engelmann, Bergstr. 5, 18365 Küstrow-Dabitz, ✆ 038231 / 2837 (Zufahrtstiefe 1 m, Gastliegeplätze., Slip, Service)
- Hafen **Neuendorf**, Gemeinde Saal - Amt Barth Land, Herr Maaß, ✆ über 038231 / 62127 (Zufahrtstiefe 1,8 m, Gastliegeplatz., Slip, Service)
- Hafen Anglerverein **Nisdorf**, Herr Engelmann, Grabower Str. 20, 18445 Nisdorf, ✆ 038231 / 921 (Zufahrtstiefe 1 m, 4 Gastliegeplätze., Slip, Service)
- Hafen Prerow, Hafenmeister Herr Matthies, Krabbenort, 18375 **Ostseebad Prerow**, ✆ 038233 / 69719 (Zufahrtstiefe 2,5 m, 50 Liegeplätze, umfangr. Service)
- Hafen Pruchten am Barther Strom, Herr Grählert, Dorfstr. 14, 18356 **Pruchten**, ✆ 038231 / 3591 (Zufahrtstiefe 1,5 m, Gastliegeplätze, Service, Trailer bis 1,5 t)

- Hafen Ribnitz am Ribnitzer See; Ordnungsamt, Herr Hiermann, 18311 **Ribnitz-Damgarten / OT Ribnitz**, ✆ 03821 / 711233 (Zufahrtstiefe 2 m, 15 Gastliegeplätze, Slip, Kran, Service)
- Boots- u. Liegeplatzvermietung Peter Theel, Damgartener Chaussee 42, 18311 **Ribnitz-Damgarten**, ✆ 03821/3860, Fax: 2384 (Zufahrtstiefe 1,6 m, 6 Gastliegeplätze)
- Segelclub Ribnitz e.V., Vors. Herr Clauser, Lange Str. 23, 18311 **Ribnitz-Damgarten / OT Ribnitz**, ✆ 03821 / 2205 (Zufahrtstiefe 1,2 m, 6 Gastliegeplätze für Jollen und Jollenkreuzer, umfangr. Service)
- Hafen Damgarten - Recknitzmündung, Ordnungsamt, Herr Hiermann, 18311 **Ribnitz-Damgarten / OT Damgarten**, ✆ 03821 / 711233 (Zufahrtstiefe 1,2 m, 10 Gastliegeplätze, Service, Slip)
- Hafen **Wustrow**, Herr Dabels, Am Fischländer Hafen, 18347 Ostseebad Wustrow, ✆ 038220 / 82546 (Zufahrtstiefe 1,3 m, 35 Gastliegeplätze, Slip, umfangr. Service Charter)
- Sportboothafen **Wieck** e.V., Otto Ehlert, Südkaten 12, 18474 Wieck/Darß, ✆ 038233 / 290 (Zufahrtstiefe 1,6 m, 17 Gastliegeplätze, Service)
- Wasserwanderstützpunkt **Wieck**, Darsser Zeesboot Kommün e.V., Dr. H. Risch, Bauernreihe 8a, 18375 Wieck (Zufahrtstiefe 1,6 m, 18 Gastliegeplätze, Service)
- Hafen Zingst am Zingster Strom, Hafenmeister Herr Grieser, Am Hafen, 18374 **Seeheilbad Zingst**, ✆ 038232 / 80008 (Zufahrtstiefe 2 m, 42 Gastliegeplätze, Winterplätze auf Anfrage, Yachtservice, Surf- und Segelcharter, Slip)
- Wasserwanderstützpunkt Zingst, Hanshäger Str. 1, 18374 **Seeheilbad Zingst**, ✆ 038232 / 81008 (Zufahrtstiefe 2,5 m, 42 Gastliegeplätze, umfangr. Service, Betankung, Slip, Kran)
- Hafen Kloss, Werftstr. 4, Herr Kloss, 18374 **Seeheilbad Zingst**, ✆ 038232 / 81008 (Zufahrtstiefe 2,5 m, 15 Gastliegeplätze, Service)
- Yachtclub Zingst, Dr. P. Rudnick, Dünenstr. 2c, 18374 **Seeheilbad Zingst**, ✆ 038232 / 1409 (Zufahrtstiefe 2,5 m, 5 Gastliegeplätze, Winterplätze auf Anfrage, Zeesenboote)
- Seesportverein SSV e.V. Zingst, Jens Wallis, Glebbe 6A, 18374 **Seeheilbad Zingst**, ✆ 0161 / 4403519 (Zufahrtstiefe 2,5 m, 2 Gastliegeplätze, Slip, Kran 1,5 t)
- Hafen Anglerverein Zingst, Manfred Schult, Lindenstr. 6, 18374 **Seeheilbad Zingst** (Zufahrtstiefe 2,5 m, 15 Gastliegeplätze, Slip 1 t)

Werften und maritime Dienstleister:

- 1. Barther Yachtservice, Hafenstr. 28, 18356 **Barth**, ✆ 038231 / 2740, Fax: 2745 (Hallenplätze, Freilager, Wasserliegeplätze bis 3 m Wassertiefe)
- Marina Stadt Barth, Hummerstr. 1, 18356 **Barth**, ✆ 038231 / 89132, Fax: 89133 (Gastliegeplätze, Winterplätze, Yachtservice, Surf- und Segelcharter)
- Sport- u. Industriemotoren, Hafenstr. 26, 18356 **Barth**, ✆/Fax: 038231 / 89369 (Wartung, Reparatur, Winterplätze)
- Maritim Center, Am Wirtschaftshafen, 18356 **Barth**, ✆ 038231 / 89640, Fax: 5998 (Wartung, Reparatur, Winterplätze, 15 t Kran)
- Marina „Am Westhafen", Gewerbegeb./Am Betonwerk 5, 18356 **Barth**, ✆ 038231 / 83710, Fax: 81201 (Gastliegeplätze, Winterplätze)
- Mobiler Bootsbauservice; Dammstr. 1, 18356 **Barth**, ✆ 038231 / 8601 (Reparatur)
- Schiffswerft Barth GmbH, Hafenstr. 28, 18356 **Barth**, ✆ 038231 / 6840, Fax: 68413 (Stahlschiffbau, Slip bis 150 t, Wassersport-Rundumservice, Gastliegeplätze, Winterplätze, Bilgenwasser-, Fäkalien- u- Altölentsorgung, Schiffsreinigung)
- Bootswerft - Holz & Stahl Eckehardt Rammin & Söhne, Waldstr. 27B, 18356 **Barth**, ✆ 038231 / 81694, Fax: 81693 (solider Handwerksbetrieb, Zeesenbootspezialist → Bodstedt, Winterplätze)
- Yachtsegelmacherei Hinsch & Ruhland, Hafenstr. 28, 18356 **Barth**, ✆ 038231 / 83585
- Captain Lange, Lange Str. 22, 18311 **Ribnitz-Damgarten**, ✆ 038231 / 2209, Fax: 812315 (Ausrüstung)
- Marina Koch, Am See 41, 18311 **Ribnitz-Damgarten**, ✆/Fax: 038231 / 814994 (Reparatur, Ausrüstung, Winterplätze)
- Schippers Ort, E.-Thälmann-Straße 13, 18347 **Ostseebad Wustrow**, ✆ 038220 / 66365 (Ausrüstung)

Maritime Veranstalter:

- Organisationsbüro HANSE SAIL, Warnowufer 65, 18057 Rostock, ✆ 0381 / 4590046-49, Fax: 0381 / 4590050
- Deutsche Seetouristik ✆ 0381/4584589

Hinweis: Gültiger Fischereischein erforderlich!

Anglerservice:

- Ostseebad **Ahrenshoop**, Herr Seitz, Hauptstr. 18, ✆ 038220 / 512
- **Bad Sülze**, Heiltierladen, A.-Bebel-Str. 18, ✆ 038229 / 45920
- **Barhöft**, Boots- u. Hafenservice Sprenger, Am Hafen 2, ✆ 038323 / 219
- **Barth,** Sportbedarf, Lange Str. 22, ✆ 038231 / 3321
- **Barth**, Wegners Angelshop, Lange Str. 33, ✆ 038231 / 893304

Der Barnstorfer Hufen bei Wustrow

- **Barth**, Barther Yachtservice, Hafenstr. 28, ✆ 038231 / 2740
- **Born**, Buddelshippboutique, Chaussestr. 46, ✆ 038234 / 264
- Ostseebad **Prerow**, Fahrrad-Wittenburg, August-Bebel-Str. 8, ✆ 038233 / 69760
- **Ribnitz-Damgarten**, Marina Koch, Am See 41, ✆ 038231 / 814994
- **Ribnitz-Damgarten**, Captain Lange, Lange Str. 22, ✆ 038231 / 2209
- **Ribnitz-Damgarten**, SMS Maritim, Fischerstr. 25, ✆ 038231 / 814994
- **Ribnitz-Damgarten**, Angelfachgeschäft, Körkwitzer Werg 48, ✆ 038231 / 815172
- **Ribnitz-Damgarten**, Autoteile u. Angelzubehör, K.-Liebknecht-Str. 22, ✆ 038231 / 62489
- Ostseebad **Wustrow**, Fischländer Angelshop, E.-Thälmann-Str. 17a, ✆ 038220 / 82217
- Seeheilbad **Zingst**, Angelcenter, Postplatz 2, ✆ 038232 / 1484
- Seeheilbad **Zingst**, Freizeit- u. Jagdgeschäft, Zur Heide 2, ✆ 038232 / 80126

KUTSCHFAHRTEN U. REITERHÖFE:

- Reiterhof Brennecke, Hauptstr. 33, 18347 Ostseebad **Ahrenshoop**, ✆ 038220 / 80145
- Reiterhof Völkner Althagen, Hauptstr. 26, 18347 Ostseebad **Ahrenshoop**, ✆ 038220 / 212

- Reiterhof Boddenblick, Jugendherberge Donnerberg, 18356 **Barth-Glöwitz**, ✆ 038231 / 2843
- Reiterhof u. Kutschfahrten Kafka, Im Moor 17, 18375 **Born**, ✆ 038234 / 249
- Reiterhof Gorkow, Auf dem Branden 23, 18375 **Born**, ✆ 038234 / 386
- Reiterhof Neuhaus, Strandstr. 15, 18347 **Dierhagen-Dorf**, ✆ 038226/80173
- Ponyreiten u. Kutschfahrten Barthel, Dorfstr. 12, 18356 **Michaelsdorf**, ✆ 038231 / 41010
- Reit- u. Fahrverein Marlow, Ernst-Thälmannstr. 20, 18337 **Marlow**, ✆ 038221 / 80350
- Kremserfahrten Kayserling, Schmiedeberge 20, 18375 **Ostseebad Prerow**, ✆ 038233 / 60278
- Reitschule v. Reitverein Einheit, Langseer Weg 28, 18375 **Ostseebad Prerow**, ✆ 038233 / 60292
- Reiterhof Gränert, Grüne Str. 66, 18375 Ostseebad **Prerow**, ✆ 0161/ 4410797
- Reiterhof Jennerjahn, Mühlenstr. 13 (Reitpl. Bergstr.), 18375 **Ostseebad Prerow**, ✆ 038233 / 60160
- Pferde Ferien, Hirschburg, 18311 **Ribnitz-Damgarten**, ✆ 03821 / 87800
- Reiterhof Dassow, Hirschburg, 18311 **Ribnitz-Damgarten**, ✆ 03821 / 2233
- Ferienunterkunft f. Roß u. Reiter Uwe Henning, Pappelallee 13, 18311 **Ribnitz-Damgarten**, ✆ 03821 / 812945
- Reiterhof u. Kutschfahrten Paetzke, Hauptstr. 34, 18375 **Wieck**, ✆ 038233 / 69781
- Der kleine Ponnyhof, Familie Hartmann, Ostseebad **Wustrow**, ✆ 038220 / 80532
- Reiterhof u. Kutschfahrten Illner, Landstr. 8, 18374 Seeheilbad **Zingst**, ✆ 038232 / 628

FAHRRADSERVICE UND WEITERE ANBIETER

- Wolters Bus- und Schiffsreisen, 18356 **Barth**, Bahnhofstr. 7, ✆ 038231 / 81793; Fax 81794
- Mecklenburger Radtour, Dänholm 10, 18439 **Stralsund**, ✆ 03831 / 280220, Fax: 280219

Fahrradverleih und Service:

- **Altenpleen**, Service-Center, Stralsunder Str. 29, ✆ 038323 / 80020

- Ostseebad **Ahrenshoop**, Frau Gielow, Dorfstr. 21, ✆ 038220 / 80134
- Ostseebad **Ahrenshoop**, Aparthotel „Boddenblick", Bauernreihe 10, ✆ 038220 / 61600
- Ostseebad **Ahrenshoop**, Fahrradvermietung Lowka, Althäger Str. 78, ✆ 038220 / 80636
- Ostseebad **Ahrenshoop**, Pension Brilke, Hauptstr. 1, ✆ 038220 / 80396
- **Bad Sülze**, Zweiradshop, K.-Liebknecht-Str. 19, ✆ 038229 / 80692
- **Barhöft**, Pension „Zum Bodden", Am Hafen 11, ✆ 038233 / 219
- **Barth**, Fahrradvermietung Luft, Gewerbegebiet am Mastweg, ✆ 038231 / 2721
- **Bodstedt**, Fahrradvermietung Luft, Campingplatz Damm 1, ✆ 038231 / 4226
- **Born**, Fahrradhandlung Neumann, Im Moor 2, ✆ 038234 / 272
- **Fuhlendorf**, Fahrradvermietung Luft, Klosterstr. 3, ✆ 038231 / 4332 o. 4333
- **Fuhlendorf**, Bungalowsiedlung am Vogelberg, Dorfstr. 55B, ✆ 038231/4211
- Ostseebad **Dierhagen**, Kurverwaltung, Waldstr. 4, ✆ 038226 / 201
- Ostseebad **Dierhagen**, Herr Deichmüller, Am Hafen, ✆ 038226 / 80202 o. 0171 / 2716703
- Ostseebad **Dierhagen**, Campingplatz an den Stranddünen, ✆ 038226 / 80492
- Ostseebad **Dierhagen**, Hotel „Blinkfüer", An der Schwedenschanze, ✆ 038226 / 370
- Ostseebad **Dierhagen**, Strandhotel „Fischland", Ernst-Moritz-Arndt-Str. 6, ✆ 038226 / 520
- Ostseebad **Prerow**, Fahrrad-Wittenburg, August-Bebel-Str. 8, ✆ 038233 / 69760
- Ostseebad **Prerow**, Fahrradverleih Wiedner, Grüne Str. 20a, ✆ 038233 / 60187
- Ostseebad **Prerow**, Ostsee-Ferien GmbH „Haus hinter den Dünen", Bernsteinweg 6, ✆ 038233 / 292
- Ostseebad **Prerow**, Regenbogen Camp, ✆ 038233 / 276 o. 331
- **Ribnitz-Damgarten**, Zweirad-Lange, Lange Str. 78, ✆ 03821 / 2709
- **Ribnitz-Damgarten**, Zweirad-Lange, Am Bahnhof, ✆ 03821 / 2525
- **Tribsees**, Fahrradverleih am Wasserwanderrastplatz, Kirchplatz 7, ✆ 03820 / 80094
- **Wieck**, Herr Reichelt, Strandweg 6, ✆ 038233 / 60479
- **Wieck**, Herr Kowalewski, Borner Weg 1, ✆ 038233 / 60271
- **Wieck**, Hotel „Haferland" o. Hafenbüro, (038233 / 69450 o. 290
- Ostseebad **Wustrow**, Fahrrad-Schröder, Lindenstr. 17, ✆ 038220 / 80905
- Ostseebad **Wustrow**, Freizeitagentur „Chaos", Strandstraße 46, ✆ 038220 / 65940

- Seeheilbad **Zingst**, Fahrradvermietung Luft, Barther Str. 6d, ✆ 038232 / 80143
- Seeheilbad **Zingst**, Fahrradverleih Oswald, Lindenstr. 42, ✆ 038232 / 80203
- Seeheilbad **Zingst**, Karo-Eck Imbiss, Strandübergang 10,✆ 038232 / 15573
- Seeheilbad **Zingst**, R. Russow, Darßer Weg 2a, ✆ 038232 / 80166
- Seeheilbad **Zingst**, Herr Breit, Fritz-Reuter-Str. 3, ✆ 038232 / 80875
- Seeheilbad **Zingst**, Herr Schliekeisen, Seestr. 19, ✆ 038232 / 15565

ZELTPLÄTZE, JUGENDHERBERGEN

- Jugendherberge Donnerberg; 18375 **Barth-Glöwitz**, ✆ 038231 / 2843
- Jugendherberge 18375 **Born-Ibenhorst**, ✆ 038234/229
- Jugendherberge 18374 Seeheilbad **Zingst**, Glebbe 14, ✆ 038232 / 465
- Regenbogen Resort Born, 18375 **Born**, ✆ 038234 / 244 (an Wald und Bodden, auch Dauerplätze)
- OstseeCamp Dierhagen, E.-M.-Arndt-Str.,18374 Ostseebad **Dierhagen**, ✆ 038226 / 80778 (auch Dauerplätze, ADAC-Empfehlung)
- Regenbogen Resort Ostseebad Prerow, Regenbogenstr., 18375 Ostseebad **Prerow**, ✆ 038233 / 331 oder 276 (u.a. 600 FKK-Pl., auch ganzjährige Dauerplätze, autofreier Campingplatz)

Herbst am Strand von Prerow

- NATURCAMP Pruchten, Zeltplatzstr. 30, 18365 **Pruchten**, ✆ 038231 / 2045, Fax: 66346 (auch Dauerplätze, Quick-Camp)
- Campingplatz „Am Freesenbruch“, Am Bahndamm 1, 18374 Seeheilbad **Zingst**, ✆ 038232 / 15786 (auch Dauerplätze, EU-Ökoaudit)
- Wellness-Camp Düne 6, Hanschhägerstr., 18374 Seeheilbad **Zingst**, ✆ 038232 / 16930, Fax: 16939 (eigener Wellnesbereich mit Schwimmhalle)

MUSEEN UND ANDERE KULTUREINRICHTUNGEN

- Künstlerort und Kunstkaten Ahrenshoop, Kunstkaten, Strandweg 1, 18347 Ostseebad **Ahrenshoop**, ✆ 038220 / 80308
- Salzmuseum Bad Sülze, Am Rosengarten 13, 18334 **Bad Sülze**, ✆ 038229 / 80680
- Vineta-Museum, Lange Str. 16, 18356 **Barth**, ✆ 038231 / 81771
- Niederdeutsches Bibelzentrum, Sundische Str. 52, 18356 **Barth**, ✆ 038231 / 77662
- Nationalpark-Informationszentrum, Am Barhöfter Kliff, 18445 **Barhöft**, ✆ 038234 / 5020
- Forst- und Jagdmuseum „Ferdinand von Raesfeld“, Chaussestr. 64, 18375 **Born**, ✆ 038234 / 30297
- Nationalpark-Informationszentrum, Chaussestr. 64, 18375 **Born**, ✆ 038234 / 5020
- Sommertheater **Born** (über Ortsverwaltung erfragen)
- Kranich-Informationszentrum, Lindenstr. 57, 18445 **Groß Mohrdorf**, ✆ 038323 / 80540
- Kunst auf Schienen, Fam. Müller, Bahnhoftsr. 1, 18356 **Bresewitz**,
- Natureum **Darßer Ort** (Mai-Okt. tägl. 10-18, Nov.- Apr. Mi-So 11-16 Uhr), Am Leuchtturm, 18375 Ostseebad Prerow, ✆ 038233 / 304
- Freilichtmuseum Klockenhagen, Mecklenburger Str. 57, 18311 Ribnitz-Damgarten / **OT Klockenhagen**, ✆ 03821 / 2775 (Apr.-Okt.)
- Vogelpark Marlow, Kölzower Chaussee, 18337 **Marlow**, ✆ 038221/265
- Heimatstube, Ernst-Thälmann-Str. 22, 18337 **Marlow**, ✆ 038221 / 42780
- Denkmalmühle, Fam. Treichel, Allersdorfer Chaussee 5, 18337 **Marlow**, ✆ 038221 / 212
- Pilz-Insekten-Vogel-Museum **Neuheide** bei Körkwitz, Ribnitzer Landweg 2, 18311 Neuheide, ✆/Fax: 038206 / 79921
- Informationszentrum „Wald und Moor“, Ribnitzer Landweg 3, 18311 **Neuheide**, ✆/Fax: 038206 / 14444
- Darß-Museum, Waldstr. 48, 18375 Ostseebad **Prerow**, ✆ 038233 / 69750
- Darß-Lichtspiele, Waldstraße 5, 18375 Ostseebad **Prerow**, ✆ 038233 / 60141

Darß-Museum in Prerow

- Seemannskirche, Kirchenort 2, 18375 Ostseebad **Prerow**, ✆ 038233 / 69133
- Deutsches Bernsteinmuseum, 18311 **Ribnitz-Damgarten**, Im Kloster 1-2, ✆ 03821/2931
- Schaumanufaktur Ostsee-Schmuck, 18311 **Ribnitz-Damgarten / OT Damgarten**, An der Mühle 30 (an B 105), ✆ 03821 / 88580
- Deutsches Meeresmuseum Stralsund, Katharinenberg 14-20, 18439 **Stralsund**, ✆ 03831 / 256010
- Nationalpark- und Gästezentrum „Darßer Arche", 18375 **Wiek**, Bliesenrader Weg 2, ✆ 038233 / 70380
- Heimatmuseum Zingst, Strandstraße 1, 18374 Seeheilbad **Zingst**, ✆ 038232 / 15561
- Nationalpark-Informationszentrum Sundische Wiese, 18374 Seeheilbad **Zingst**, ✆ 038232 / 5020
- Heimatmuseum und Bibliothek „Fischlandhaus", Neue Straße 38; 18347 Ostseebad **Wustrow**, ✆ 038220 / 80465
- Kunstscheune Barnstorf, Fam. Eymael,, Hufe 4, 18347 Ostseebad **Wustrow / OT Barnstorf**, ✆ 038220 / 201

EMPFEHLENSWERTE LITERATUR UND LANDKARTEN

- Fischland, Darß und Zingst, Rad- und Wanderkarte, 1 : 30.000, Verlag grünes herz Ilmenau, 2003
- Ostseeküste, Fischland, Darß, Zingst, Recknitztal, Fahrradkarte, 1 : 75.000 Verlag grünes herz Ilmenau, 2003
- Fischland, Darß, Zingst und Recknitztal, Wander- und Freizeitkarte, 1 : 75.000, nordland Kartenverlag GmbH, Hannover, 1995
- Fischland, Darß und Zingst, Freizeitkarte, 1 : 100.000, Verlag grünes herz Ilmenau, 2006
- Fischland, Darß und Zingst, Ortspläne, Verlag grünes herz Ilmenau, 2006
- Darß-Zingst, Fischland, Wanderkarte, 1 : 50.000, KOMPASS Karten, Rum/Innsbruck 2003
- Ostseeküstenwanderweg E9, J. Jawinsky, Verlag grünes herz, Ilmenau, 2004

Erholung am Meer

QUELLENNACHWEIS

1. Vorpommersche Bodenlandschaft und Recknitztal, Neumanns Landschaftsführer, Friedrich Schulz u. Eleonore Rösel, Neumann Verlag Radebeul, 1993
2. Ostseeküste, Stöppel Freizeitführer 942, Gerhard Eckert, Stöppel Verlag, Weilheim, 1994
3. Ostseeküste Mecklenburg-Vorpommerns, Urlaubshandbuch, Peter u. Rainer Höh, Reise Know-How Verlag Peter Rump GmbH; Bielefeld, 5. Aufl. 1995
4. Fischland-Darß, TOURIST-Wanderatlas, Autorenkollektiv, VEB TOURIST Verlag Berlin / Leipzig, 1978
5. Fischland, Darß und Zingst, Wanderführer, Autorenkollektiv, Tourist Verlag / Kümmerly+Frey, Berlin, 1992
6. Wustrow auf dem Fischlande, Friedrich Schulz, Bunte Stube Ahrenshoop 1990
7. Das Fischland - ein Heimatbuch, Käthe Miethe, Carl Hinstorff Verlag Rostock, 1951
8. Der Darß, Friedrich Schulz, Verlagsbuchhandlung Bunte Stube Ahrenshoop 1991
9. Seeheilbad Zingst - 110 Jahre Badewesen, Autorenkollektiv, Zingster Heimatheft Nr. 5,
10. Fischland, Darß & Zingst, Sagen und Geschichten, Krystin Liebert, Demmler Verlag Schwerin
11. Geologische Streifzüge - Landschaft und Erdgeschichte zwischen Kap Arkona und Fichtelberg, Otfried Wagenbreth / Walter Steiner, VEB Deutscher Verlag für Grundstoffindustrie, Leipzig, 1982
12. Das Revier Fischland, Darß und Zingst, Roland Buchwald, in: Wasserwanderführer „Mecklenburg rund II", Herausg. N. Gisder, ISBN: 3-328-00861-6; Sportverlag Berlin, 2000
13. Bernstein - Gold der Ostsee, Roland Buchwald, in: Wasserwanderführer „Mecklenburg rund II", Herausg. N. Gisder, ISBN: 3-328-00861-6; Sportverlag Berlin, 2000
14. Braune Segel und Ketschtakelung, Historische Zeesenboote und die Pflege der Tradition, Roland Buchwald, in: Wasserwanderführer „Mecklenburg rund II", Herausg. N. Gisder, ISBN: 3-328-00861-6; Sportverlag Berlin, 2000
15. Wo liegt Südschweden? - kulturgeschichtlicher Beitrag zur pommerschen Ostseeküste, Roland Buchwald, in: Wasserwanderführer „Mecklenburg rund II", Herausg. N. Gisder, ISBN: 3-328-00861-6; Sportverlag Berlin, 2000

16. Tonnenabschlagen und andere Bräuche - kulturgeschichtlicher Beitrag zur pommerschen Ostseeküste, Roland Buchwald, in: Wasserwanderführer „Mecklenburg rund II", Herausg. N. Gisder, ISBN: 3-328-00861-6; Sportverlag Berlin, 2000
17. Das Revier Fischland, Darß und Zingst, Roland Buchwald, Europäisches Wassersportmagazin „Seemeile", Sonderausgabe 2002
18. Auf den Spuren rohrgedeckter Häuser - Unterwegs in Mecklenburg-Vorpommern und Brandenburg, Petra Domke, Kulturbild Verlag, Berlin, 1999
19. Die evangelische Kirche in Saal - eine Chronik, Kirchgemeinde Saal, 2002
20. Mecklenburg-Vorpommern - Eine Bildreise, Hans Jessel / Gertje Schkopp-Witte, Ellert & Richter Verlag, Hamburg, 1991
21. Verklungen Horn und Geläut - Die Chronik des Forstmeisters Franz Mueller-Darß, BLV Verlagsgesellschaft München, 1997
22. Der Darß, Fischland und Zingst, Eine Bildreise, Ellert & Richter Verlag, Hamburg 2003
23. Informationsmaterialien vom Nationalparkamt Vorpommersche Boddenlandschaft
24. Dokumentation zur Geschichte der Ausbildung von Schiffsoffizieren auf dem Fischland, Dr. Manfred Hessel, Wustrow, 1996
25. Das Barther Kloster - ein historischer Abriß, Pfarrer Martin Afheldt, Bodstedt, 1996
26. Informationsmaterialien der Orte, Museen, Fremdenverkehrsämter und -vereine

Farbenprächtiger Garten und typisches Fischerhaus

STICHWORTVERZEICHNIS

IMPRESSUM

Sollten trotz sorgfältiger Recherche Unstimmigkeiten enthalten sein, bitten wir um Ihre freundliche Mitteilung. Sie unterstützen damit in wertvoller Weise unsere Bemühungen, die Inhalte auf dem neuesten Stand zu halten. Verlag und Autor übernehmen keine Gewähr für Richtigkeit, Vollständigkeit oder Aktualität.

Dr. Lutz Gebhardt, Postfach 100564, 98684 Ilmenau,
Tel.: 03677 / 63025, Fax 63040
www.gruenes-herz.de;
info@gruenes-herz.de und bestellung@gruenes-herz.de

Für die Unterstützung bei der Erarbeitung des Reiseführers danken wir allen beteiligten Einrichtungen, Institutionen, Vereinen und Privatpersonen.

Fotos Buchwald: Titelfoto und Innentitel Seite 2:
Roland Buchwald Innenseitenfotos: Seiten 5, 6, 7, 8, 10, 11, 13, 15, 19, 22, 43, 42, 44, 49, 54, 55, 56, 59, 63, 64, 66, 70, 75, 77, 81, 82, 85, 92, 94, 102, 104 Roland Buchwald,
Seiten 14, 17, 18, 20, 24, 28, 30, 32, 33, 36, 39, 41, 45, 47, 48, 51, 53, 60, 65, 69, 73, 79, 83, 86, 88, 105, 107 Lutz Gebhardt
Redaktion Lutz Gebhardt
Kartographie Müller & Richert GbR, Gotha
Gestaltung / Layout / Satz
Atelier für Grafik-Design Katharina Kerntopf, Ilmenau
Druck Druckhaus Gera

Printed in Germany

3. vollständig überarbeitete und erweiterte Auflage 2006

ISBN 3-929993-52-X

DIE KARTEN ZUM BUCH

Fahrradkarten
im Maßstab 1:75.000

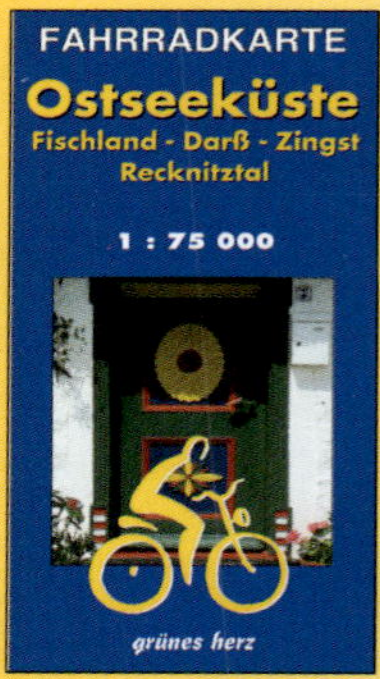

ISBN: 3-929993-98-8

ISBN 3-935621-75-2

Rad- und Wanderkarte
im Maßstab 1 : 35.000

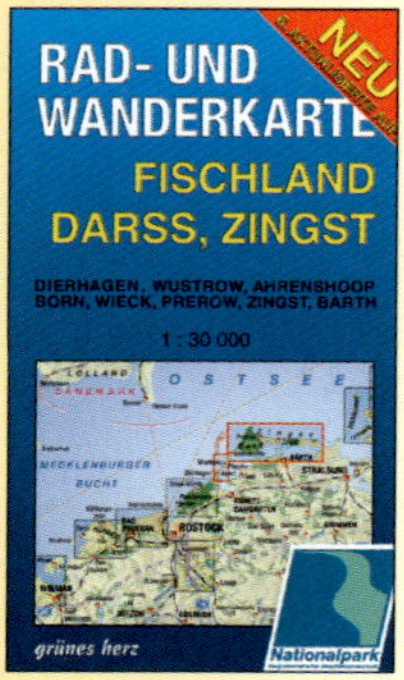

ISBN 3-929993-33-3

Ortspläne
im Maßstab 1:10.000
bis 1:15.000

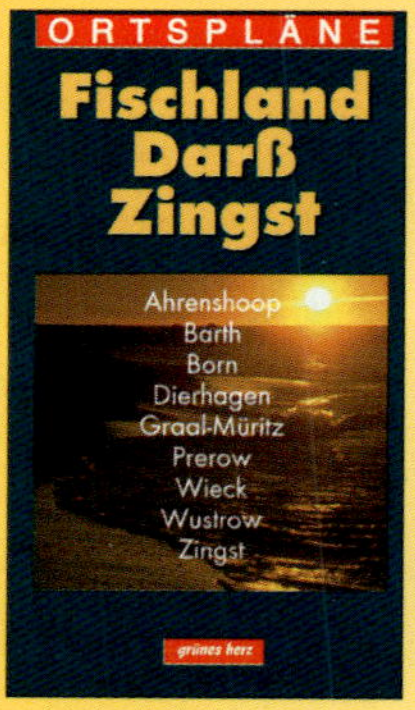

ISBN 3-929993-75-9

Freizeitkarte
im Maßstab
1:100.000

ISBN:3-929993-73-2

Ferienkarte

ISBN 3-929993-80-5

Bestellung über: Verlag ***grünes herz***, Tel.: 03677 / 630 25, Fax: 03677 / 630 40
info@gruenes-herz.de und bestellung@gruenes-herz.de
www.gruenes-herz.de